매일 새로운 나를 만나다
————

어른의
평생공부
습관

과오를 바탕으로
거듭나는 것이 공부다.
오늘이 다르고
내일이 다른 것이 공부다.

- 정민, 『다산어록청상』

매일 새로운 나를 만나다

구성은

어른의
평생공부
습관

함께 배우고
함께 성장한다.
나도 배운다.

프로방스

어쩌다 평생교육사

어쩌다 전주시 평생학습관에서 일하게

되었다.

44세라는 늦은 나이였다.

평생교육, 평생학습은 너무나 넓은 바다였다.

모든 분야가 새롭고 재미있었다.

한 해, 두 해가 흐르며 사업이 다 비슷비슷하게 느껴

졌다.

매년 같은 사업도 다르게 기획해야 하는 게 어려웠다.

새로운 사업을 기획하면 예산 확보가 여의치 않았다.

코로나19가 발생하면서 모든 사업을 비대면으로 진행해야 했다. 다시 대면으로 돌아오니 같은 사업도 대면과 비대면으로 해주길 바라는 사람이 많아졌다. 예산은 전년과 같았다.

그럼에도 평생학습은 여전히 재미가 있다.
전주시 평생학습관이 문을 연 2005년부터 근무한 직장 동료들은 여전히 새로운 아이디어를 낸다.
평생학습관의 사업을 통해 사람이 성장하고, 커뮤니티가 만들어지고, 지역사회에 공헌하는 선순환이 이뤄진다.
함께 배우고 함께 성장한다.
나도 배운다.
그렇게 평생학습관에서 일하다 보니 평~생 공부하는 습관이 생겼다.

현재 전국 지방자치단체 중 195개 지자체가 평생학습

도시이고, 그곳에서 600여 명의 평생교육사들이 일하고 있다. 나는 그 600명 중 한 명이며, 10년 차 평생교육사이기도 하다.

평생교육사 자격증을 가지고 평생교육의 영역에서 일하고 있는 분들은 더 많고, 평생교육의 영역에 진출하기 위해 준비하시는 분들도 더 많을 것이다.

이 책을 오늘도 평생교육의 현장에서 고군분투하고 계시는 평생교육사들과 예비 평생교육사들께 바친다.

2024년 2월

구성은

삶을 깊이 있게 들여다볼 수 있는
성찰의 길이 즐겁다

책 속의 책, 삶 속의 책을 만난다. 무엇보다 삶 자체가 한 권의 책과 같은, 주변의 평범한 사람들의 이야기가 반짝인다. 저자의 힘이다. 글에 담긴 저자의 방대한 독서량과 지식, 폭넓은 사유의 언어에 감탄한다. 어쩐지 욕심이 나고, 더 많이 읽고, 쓰고, 생각하고 싶어진다. 무엇보다 타인을 이해하고, 삶을 깊이 있게 들여다볼 수 있는 성찰의 길이 즐겁다. 언제나 완벽할 순 없어도 조금 더 행복할 순 있다. 그 마법 같은 비결을 저자의 맛깔나는 글을 통해 찾아보자.

소설가 김소윤

Contents
차 례

01 | 제1장 : 평생공부, 전주공부

02 제2장 :
일상 공부

03 | 제3장 :
공부의 기쁨

04 | 제4장 :
공부의 흔적

CHAPTER
01

제1장

평생공부, 전주공부

뭐, 배울 거 없나요?

인생은 숨을 쉰 횟수가 아니라 숨 막힐 정도로
벅찬 순간을 얼마나 많이 가졌는가로 평가된다.

– 마야 안젤루, 『마음챙김의 시』에서 류시화 인용

"전 64세인데 아직도 꿈이 없어요. 재주도 없어
요. 어떻게 남은 생을 살아야 할까요?"

〈인문학 향기 넘치는 전주〉라는 강의를 듣던 한 청중
이 물었다. 그 물음에 이진경 교수는 이렇게 답했다.

"우리는 바깥에 눈을 줘 본 적이 없습니다. 우리는

우리 몸이 무엇을 잘할 수 있을지 모릅니다. 어떤 일을 잘하려면 그것이 오락이든, 무엇이든 터널을 통과해야 합니다. 목표보다는 과정을 중시하며 무엇이든 직접 부딪쳐서 길게 시도해 보세요."

우리는 '답정너'(답은 정해져 있고, 너는 대답만 하면 돼)에 익숙한 삶을 살아왔다. 하지만 그 경로에서 약간 이탈해 새로운 것을 하다 보면 의외의 즐거움을 맛볼 수 있고 내 적성을 찾을 수도 있다.

얼마 전, 도전해 본 〈목공 교실〉은 '꽝'이었다. 원래 손재주가 없는 줄은 알았지만, 이 정도로 엉망인 줄은 몰랐다. 손가락이 비뚤어졌는지 나무못 하나를 제대로 박지 못해 강사님의 손길이 필요했다. 강사님은 농담으로 "500원만 주세요."라고 하면서 매번 바로 잡아주셨다. 남들이 뚝딱뚝딱 옷장이나 화장대를 만들 때 나는 작은 의자 하나 만들기도 힘겨웠다. 그래도 재미있었다. 사람들이 왜 목공을 좋아하는지 알 것 같았다. 집중하는 그 시간이 얼마나 빠르게 지나가는지, 땀 흘리는 즐거움이 무엇인지 알았다. 부모님 댁에 완성된 작은 의자를 갖다 드리며 뿌듯함을 만끽했다. 재도전 의사는 없지만 좋은 경험으로 남았다.

평생학습관의 문을 두드리는 사람들은 이런 새로운 배움에 목마른 사람들이다.

"뭐, 배울 거 없나요?"

평생학습관에 들어와서 하는 첫 마디이다.

그런데 여기에서 우리가 생각해 볼 것이 있다. 즉, '뭐, 배울 거'는 먼저 본인의 내면에서 찾아봐야 한다는 것이다.

평생학습관의 프로그램은 많으며 세분화되어 있다. 일반적인 교육 프로그램도 디지털, 직업능력, 인문교양, 문화예술 분야가 있고, 문화예술 분야도 음악, 미술, 공예, 건강 등으로 나뉜다. 또한 강사 교육, 50+ 프로그램, 동아리 지원, 실무자(관계자) 교육, 학습 필요계층 지원 등도 있다.

목공교실에서 협탁 만들기를 하고 있는 필자

취미든, 자기계발이든, 취업 관련 교육이든 나는 어디에 해당하고, 내가 배우고 싶은 것은 무엇인지 자신에게 물어봐야 한다.

사회학자 이진경은 "내가 무엇을 하고 싶은지가 없는 사람은 자신의 삶을 긍정하기 어렵고, 무엇이든 해보는 훈련과 시도하는 용기가 필요하다."라고 하였다.

바야흐로 장수의 시대이다. 이제 남은 시간이 너무나 많다. 70세가 아닌 70대까지 나의 가치를 지속시켜 줄 무언가를 찾아야 한다. 세상은 넓고 배울 것은 많다.

내가 좋아하는 것을 찾아 집중해 보자. 세상에 뭔가를 배워서 이뤄낼 때의 짜릿함은 그 무엇과 비교할 수가 없다. 처음 물구나무를 섰을 때, 안 되던 요가 동작을 해냈을 때, 책을 보면 뭔가를 깨달았을 때, 외워지지 않던 문구를 떠올렸을 때 느끼는 행복은 경험한 사람만이 알 수 있는 것이다.

그러기 위해서는 몰입과 꾸준함이 필요하다. 누가 시켜서가 아니라 내가 재미있는 것에 몰입할 때 사람은 행복을 느낀다. 밥을 먹지 않아도 즐겁다. 능동적 몰입은 능력을 배가시키고 삶의 희열을 맛보게 한다.

내게 맞는 것은 꾸준하게, 하고 싶은 것은 새롭게 도전하자. 준비된 자에게 인생은 '숙제가 아닌 축제' 니까.

평생학습의 구성은?

우리는 무엇을 하고 싶은지 악착같이 찾아야 합니다.

그러다 보면 대부분은 내 길이 아니라는 것을 알게 돼요.

내 길이 아니라는 걸 발견하는 것도 큰 도움이 되죠.

– 최재천·안희경, 『최재천의 공부』중에서

우리나라 사람들은 숫자 '3'을 참 좋아한다. '삼시 세 끼', '삼세판', '서당 개 삼 년이면 풍월을 읊는다.', '세 살 버릇 여든 간다.' 등 우리에게 가장 익숙한 숫자는 예부터 '3'이었다.

'연극의 3요소', '소설의 3요소'처럼 평생학습의 구성에 필요한 3요소가 있다면 무엇이 있을까?

내가 생각하기에는 '재미, 집중(몰입), 꾸준함' 이다.

평생학습은 '재미'에서 시작한다. 누가 시켜서 하는 것이 아닌, 내가 느끼는 재미가 있어야 한다. 물론 계속하다 보면 재미를 느끼는 경우도 있다.

"저는 2~3년의 기간을 두고 관심이 가는 주제를 택해 학교를 다닌다는 기분으로 공부합니다. 그렇게 수십 년째 저는 스스로 학교를 짓고, 스스로 학생이 되어 그 학교에서 공부를 해왔습니다."[1] 경영학의 구루라 불리는 피터 드러커의 말이다.

필자는 13년째 토요일 아침 7시부터 9시까지 독서토론에 참여하고 있다. 어떻게 매주 토요일, 빠짐없이 나갈 수 있냐고 친구들이 묻는다. 대단한 일이 아니다. 재미가 있으면 좋아하게 되고 지속할 수 있다.

재미있는 게 없는 사람은 자신을 세심하게 관찰해야 한다. 내가 날마다 어떤 활동을 할 때 행복한지, 어

---

1) 김경집, 『김경집의 6I 사고혁명』, 김영사, p176

떤 장소, 어느 시간, 누구 앞에서 즐거운 감정을 느끼는지 포착하고 즐겁게 잘할 수 있는 분야를 찾아야 한다.

때로는 새로움이 '재미'를 느끼게 해준다. 젊은 친구를 사귀면 새로운 것을 배울 수 있다. 젊은 친구는 빠르게 변하는 세상에 민감하게 반응하고 디지털에 익숙하다. 가장 많은 도움을 주고받을 수 있는 젊은 친구는 아들과 딸이다. 잘 사귀기 위해서는 나를 내려놓고 친구처럼 굴어야 그들도 나를 친구처럼 대해준다. 이제 아들과 딸에게 도움받을 날이 도움 줄 날보다 더 많이 남았다.

그렇게 좋아하는 부분을 찾은 다음에는 집중(몰입)해야 한다. 자신의 일에 집중해 몰입할 수 있는 사람은 '덕업일치'를 이룬 행운아지만, 본업이 아니더라도 뭔가 몰입할 대상이 있는 사람은 학습의 즐거움을 평생 맛볼 수 있는 사람이다. 몰입을 낳는 활동은 대부분 명확한 목표, 정확한 규칙, 신속한 피드백이라는

공통점을 갖는다.[2]

집중과 몰입은 효율과 능률을 올려줄 뿐만 아니라 행복을 느끼게 해준다.

마지막으로 몰입한 무언가는 꾸준히 배우고 익혀야한다. 꾸준함, 성실성은 전염병도 이긴다. 페스트가 휩쓸고 간 도시에서 의사 리외는 말한다. "페스트와 싸우는 유일한 방법은 성실성입니다. 내 경우로 말하면, 그것은 자기가 맡은 직분을 완수하는 것이라고 알고 있습니다."[3]

우리는 코로나19를 겪으면서 새삼 성실성의 위대함을 느꼈다. 방역의 최전선에서 쉬는 시간도 없이 꾸준히 버티며 일한 의료진, 보이지 않는 곳에서 편의를 담당해 준 택배 노동자 등 각자의 처한 상황에서 자신의 직책을 충실히 수행한 사람들이 우리 사회를 돌아

---

2) 미하이 칙센트미하이, 『몰입의 즐거움』, 해냄출판사, p90
3) 알베르 까뮈, 『페스트』, 민음사, p216

전주시 평생학습관에서 매주 화요일 인문학 공부를 하는 시민들은 코로나 상황에도 쉬지 않았다.

가게 만들었다.

평생학습에서 끝까지 남게 하는 원동력 역시 꾸준한 성실성이다. 소설가 서머셋 몸은 "아무리 하찮은 일이라도 매일매일 계속하고 있으면, 거기에 뭔가 관조와 같은 것이 우러난다."고 했다.[4] 꾸준함은 우리를 장인으로 만들어 준다. 여기서 중요한 것은 무엇? 꺾이지 않는 평생학습의 의지이다.

---

4) 무라카미 하루키, 『달리기를 말할 때 내가 하고 싶은 이야기』, 문학사상, p7

'평생학습'은 '동사'이다

미래학자 앨빈 토플러는 "21세기의 문맹은 읽고 쓸 줄 모르는 자가 아니라 배우고, 배운 것을 잊고, 새로 배울 줄 모르는 자를 말한다."고 했다.

- 전정환, 「밀레니얼의 반격」 중에서

기술은 눈부시게 발전하고 있다. 이제 AI가 우리를 먹여 살릴 것이라고 한다. 그런데도 우리는 무엇을 더 배워야 할까? 이제 무엇으로 AI와 경쟁해야 할까? 세상은 어디로 가고 있는 것일까?

자신을 '마음을 캐는 광부'라고 소개하는 송길영(선다음소프트 부사장)은 자신의 저서 『그냥 하지 말라』

(2021)에서 미래 사회 변화의 키워드를 '분화하는 사회, 장수, 비대면의 확산'으로 꼽았다. 이 세 가지 키워드는 모두 '평생학습'을 가리키고 있다. 사회가 분화하면 그만큼 배울 것이 많아지고 사람들의 요구도 다양해진다. 즉, 배움이 필요한 것이다.

우리는 오래 살게 되었다. 통계청이 발표한 2022년 한국인의 기대수명은 82.7세(여자 85.6세, 남자 79.9세)[5]이다. 사람은 죽을 때까지 공부한다. 왜냐하면 사람은 어떤 형태이든 변화를 추구하기 때문이다. 예컨대 비대면 활동이 늘어나면서 이와 관련된 공부를 필요로 하게 된 것처럼.

그럼 어디서 배워야 할까? 학교는 어떨까? 아쉽게도 21세기 우리의 학교는 아직도 표준화된 능력에 집착한다. 아우슈비츠 수용소 정문의 사진을 보여주고 어디인 것 같으냐고 학생들에게 물어보면 "교도소, 학

---

[5] 한국인 기대수명 82.7세⋯52년 만에 처음 줄었다 / 한국경제. 2023. 12. 1.

교, 공장"이라는 답변이 나오고, 공통점은 "사람들이 갇혀있고, 계급이 있고, 권력관계가 있다."고 대답한다.[6]

경제, 금융, 재테크, 결혼, 부모가 되는 법, 대인관계, 건강... 정작 실생활에 필요한 것들은 학교에서 가르쳐주지 않는다. 초등, 중등, 고등 12년, 대학 4년, 이렇게 정규화된 교육과정을 다 밟은 후에도 우리는 50년은 더 배우며 살아가야 한다. 지식의 유통기간은 짧아지고 세상은 너무 빨리 변한다. 배워야 할 양도 그만큼 많아졌다. 정해진 텍스트가 아닌, 다양해지는 생활 세계에 적응하기 위해 우리는 어디서든지 무엇이든 배워야 한다.

배울 수 있는 공간과 도구는 넘쳐난다. 비대면 공간에서 유튜브나 블로그, 카페 등을 통해 배울 수 있고, 대

---

6) 명인 〈꿈과 희망이 있는 학교〉 한겨레신문 칼럼 2023. 6. 23.

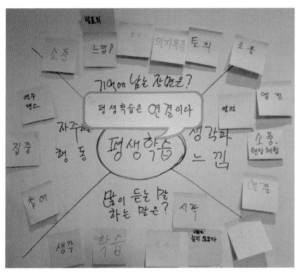

2022년 5월 30일, 50+평생학습 서포터즈 양성과정 중 수강생들의 메모

면 공간도 평생학습관뿐만 아니라 평생학습 프로그램을 운영하는 기관이 많다.

얼마 전, 전주시 평생학습관에서 운영하는 '50+평생학습 서포터즈 양성과정'에서 평생학습에 대한 정의 내리기 토론이 있었다. '평생학습은 무엇일까?'라는 질문에 '친구이다. 연결이다. 설렘이다. 어른이 달라지는 것이다.' 등의 대답이 있었다.

나는 "평생학습은 '동사'이다."라고 말하고 싶다. 살아 움직이며 변하는 것이기 때문이다.

가보지 않는 길을 걷기 위해선 혼자보다는 여럿이 낫다. 평생학습관을 비롯한 평생학습 기관은 경험해 보지 않는 인생길을 함께 걸을 동무들을 기다린다. 언제든 문을 활짝 열어놓고 있으니, 대면이든 비대면이든 방문하면 새로 사귄 친구들과 함께 당신 인생의 봄을 다시 맞이할 수 있을 것이다.

평생 '학습'하는 습관

우리는 우리 자신이 반복적으로 행하는

모든 것의 총체다.

따라서 빼어남은 행위가 아니라 습관이다.

– 윌 듀랜트, 『행동의 전염』에서 인용

우리 가족의 월요일 저녁은 10시 30분부터 시작된다. 어디서 무얼 하다가도 그 시간이 되면 모여서 〈최강야구〉를 시청한다. 야구와 영화는 같이 봐야 재미가 있다.

〈최강야구〉 재미의 한가운데에는 야신 김성근 감독이 있다. 김성근 감독은 1942년생으로, 올해 82세이지만 나이를 숫자로 만들어 버리며 젊은 현역 프로야구 감독 못지않은 전략과 용병술을 보여주고 있다. 2023년 〈최강야구〉 시즌2 개막전에는 과감하게 '조선의 4번 타자' 이대호 선수를 선발에서 빼버리는 모습으로 팬과 이대호 선수를 놀라게 했다. 이날 4번 타자로 나선 정성훈 선수가 만루 홈런을 칠 때 우리 가족은 모두 환호했다.

〈최강야구〉의 또 다른 묘미는 은퇴한 선수들이 마음가짐과 노력에 따라 다른 모습을 보여주는 데에 있다. 2022년 〈최강야구〉 시즌1에서 재미있던 장면 중 하나가 김성근 감독이 부임해 오자마자, 긴장하며 완전히 달라지는 선수들의 표정과 자세였다. 작년에 폭투하는 모습만 보여줬던 이대은 선수는 〈최강야구〉의 에이스 투수로 거듭났고, 오주원 선수는 선수 시절보다 더 많은 공을 던지며 승리투수가 되기도 했다. 현재의 중요성과 일의 즐거움, 연습과 훈련에 따라 은퇴했어도 역량이 달라질 수 있음을 보여주는 프로그램이다.

평상시 거의 표정이나 말이 없으신 김성근 감독은 "돈 받으면 프로다.", "배우는 데 나이가 있나?" 등 매 회 새로운 어록을 남기고 있다. 김성근 감독은 매일 아침 7시부터 2시간씩 서울숲 공원이나 한강 변을 걷는 오래된 습관이 있다고 한다. 말은 마음에서 나오는 것, 걷는 것은 사색의 시간이고, 어록은 걷는 시간이 만든 것이 아닌지 추측해 본다.

그럼 우리는 어떤 습관을 가지고 있고, 앞으로 무슨 습관을 만들면 좋을까? 운동, 식사와 같은 건강 관련 습관, 독서, 영화 감상 같은 취미 습관, 가족, 친구와의 교류 같은 사회적 습관 등 많은 습관이 있지만, 꼭 가져야 할 좋은 습관은 학습하는 습관이다. '학(學)'은 배우는 것이고, '습(習)'은 익히고 수련하는 과정이니, 새롭게 먼저 배우고 그것을 반복해서 자연스러워질 때까지 익히고 수련해야 한다.[7]

---

7) 정유라, 『말의 트렌드』, 인플루엔셜, p153

새로운 것을 배우고 익히는 습관은 나를 젊게 한다. 세상은 빠르게 변하고 있는데, 나 혼자 그대로 있으면 저절로 퇴보하게 된다. 어떤 이론이 새로 나왔는지, 세상이 어떻게 달라지고 있는지 늘 배우는 습관을 가져야 한다.

『90년생이 온다.』(임홍택 저, 2018)에서 채현국 효암학원 이사장은 "농경 사회에서는 나이를 먹을수록 지혜로워지는데, 자본주의 사회에서는 지혜보다는 노욕의 덩어리가 될 염려가 크다."고 하였다. 『상상하지 말라』에서 저자 송길영이 지금까지 내가 살아온 방식과 경험에 따라 상상하지 말고 관찰하라고 강조한 것과 같은 맥락이다.

나는 아침에 일어나면 명상과 산책을 하고 출근을 한다. 또한 신문(지역, 중앙, 경제신문)을 정독하고, 일주일에 책 한 권을 읽고 토론한다. 읽은 책은 블로그에 정리하는 습관을 가지고 있고, 한 달에 1~2개 정도 유튜브에 책과 관련한 토론 영상을 올리고 있다. 학습은

'학습' 하는 습관은 무용해 보이는 흙을 도자기로 만들어 준다.
– 전주시 평생학습관 도예교실 풍경

사회와 소통할 때 의미가 있다. 우리는 우리 자신이 행하는 모든 것의 총체다, 따라서 빼어남은 행위가 아니라 습관이다.[8] 어떤 습관을 가지고 있는지가 그 사람을 보여줄 것이다.

요즘 유행하는 것 중 하나가 '갓생 프로젝트'이다. '갓생'(God + 生)은 '열심히 사는 인생'이다. 이런 프로젝트는 대부분 함께할 사람들을 모집해서 같이한다. 아주 작은 것부터 공부하는 습관을 들인다면 점점 성장하는 나를 만나게 될 것이다.

사람들이 담배를 피우게 될지 말지 예측하는 가장 강력한 지표는 흡연하는 친한 친구의 비율이라고 한다.[9] 이처럼 습관은 전염된다. 공부하는 습관은 내 주위 사람들에게도 선한 영향력을 미치는 습관이다. 사람은 사람이 변화시키고, 나를 변화시키는 것은 나의 습관이다.

오늘, 나는 어떤 습관을 새롭게 만들 것인가?

---

8) 로버트 H. 프랭크, 『행동의 전염』, 에코리브르, p147
9) 로버트 H. 프랭크, 『행동의 전염』, 에코리브르, p12

'나'를 알아가는 유쾌한 인문학

공부는 잃어버린 나를 찾아가는 과정이다.

그리고 나를 깨달아 가는 과정은

나를 사랑하는 데에서부터 시작한다.

-조윤제, 『다산의 마지막 질문』

사람들은 왜 공부하는가? 무엇을 공부하는가?

모든 공부의 처음과 끝은 '나'이다. 공부를 하다 보면

가장 명확하게 보이는 것은 '나'이다. '나'를 알기 위

해서는 인간을 알아야 하고, 사회를 알아야 한다.

'나'에 대해 가장 잘 공부할 수 있는 것이 '인문학'이

다. 인문은 삶의 무늬, 인간의 무늬를 뜻하기 때문이

다. 전통 인문학인 '문사철'(문학, 역사, 철학)은 인간 존재의 이유와 본성과 죽음, 인간이 지나온 길을 이야기한다.

그중에서 문학은 가보지 않는 길을 가보게 하고, 인간의 본성을 깊이 탐구하게 한다.

1983년 노벨문학상 수상작인 윌리엄 골딩의 『파리대왕』은 극한 상황에 처해졌을 때 나타나는 인간의 본성을 어린 소년들의 광기를 통해 상징적으로 표현하고 있다. 집단적 두려움에 몰입해 자신들이 만든 창으로 친구를 죽이는 아이들의 모습은 인간이 고립된 상황에서 어떻게 변할 수 있을지를 잘 보여주고 있다.

여기에서 쌍둥이 샘과 에릭은 그 집단에 들어가지 않았는데, 그 이유는 쌍둥이여서 서로의 모습을 통해 자신을 볼 수 있었기 때문이다. 이렇게 내 모습을 거울처럼 보여주는 것이 바로 인문학이다. 우리는 책을 통해, 사람을 통해 자신의 모습을 성찰한다.

평생학습관 주위엔 인문학을 공부하는 사람들이 많

다. 전주시 평생학습관에서 2009년부터 매주 화요일 저녁, 2시간 동안 진행하는 인문학 수업엔 지금도 꾸준히 (돈을 내고) 참여하는 수강생이 50~60명 정도가 된다. 얼마 전 종강한 '지중해 철학 기행'은 100명의 수강생이 강의를 들었다.

인문학 수업을 받으면서 인생이 달라지기도 한다.

이명희 선생님이란 분이 있다. 그분이 인문학 답사 프로그램에 참여했을 때 강사님으로부터 문화유산을 공부해 볼 것을 권유받았다고 한다. 이후 시민단체에서 문화재 공부를 하다가 전통놀이 공부를 하게 되었고, 지금은 전통교육, 전통놀이 전문가가 되어 전통놀이 단체의 대표를 맡고 있다. 남편이 직장 때문에 서울로 가고, 딸도 서울에 있는 대학에 갔어도 인문학 수업 때문에 이사도 안 가고 전주시 평생학습관 옆에 딱 붙어 있었단다. 지금은 퇴직한 남편과 함께 인문학 수업뿐만 아니라 금강 걷기, 역사 기행에도 참여하고 있다.

평생학습관에서 진행하는 인문학 강좌는 갈수록 다양화, 세분화되고 있다. 국내 유명 인사를 초청하여 진행하는 '열린 시민강좌'나 '현대 인문학 산책'처럼 한 가지 주제를 가지고 매주 진행하는 '유쾌한 인문학', 수강생의 발제와 토론으로 능동적으로 학습하는 '시민 인문세미나', 연극 및 콘서트 등 문화예술과 연계한 콘텐츠를 제공하는 찾아가는 '청소년 인문학', 그림책 읽기와 체험활동으로 진행하는 '어린이 인문학' 등 수요에 맞춘 인문학 활동이 늘어나고 있다. 주제도 장자, 인도 신화, 지중해 철학, 니체의 미학, 페미니즘, 생태 건축, 인공지능 등 갈수록 세분화되면서 깊어지고 있다.

이외에도 현장을 직접 찾아가고, 체험을 함께하는 인문학도 늘어나고 있다. 기관을 찾아가 음악 공연과 내용을 공유하거나, 커피 인문학과 함께 커피를 내리는 체험을 하거나, 꽃에 대한 이야기와 꽃 체험을 하는 강의도 인기가 많다. 코로나19 시기를 지나면서 인문

2023년 5월 15일, 정호승 시인과 함께한 전주시 인문주간 개막식 모습

학 영상 콘텐츠 제작도 늘어나고 있다.

진지하고 열정에 가득 찬 눈빛, 배움에 대한 갈증, 무언가를 받아 적는 소리, 커피나 녹차 향보다 사람을 통해 전해지는 인문의 향기가 가득한 곳, 고등학생부터 퇴직 교수님까지 시민들이 모인 전주시 평생학습관의 화요일 저녁 풍경이다.

신영복 선생님은 『담론』에서 "강의의 최상은 공감"이라고 했다. 어떠한 형식의 인문학이든 전주시민이 공감하는 강의는 계속 이어질 것이다.

06

윤슬, 반짝이는 전주 이야기

사랑하면 알게 되고 알면 보이나니

그때 보이는 것은 전과 같지 않으리라.

– 유한준의 글, 유홍준 「나의 문화유산 답사기」 서문

전주시청 직장운동경기부 사이클팀은 왜 강할까?

전주는 자전거와 깊은 역사적 상황이 있다.

일제 강점기 때 일본은 토지조사사업을 실시하여 신고하지 않은 조선인 개인의 땅을 국유화한 후 동양척식주식회사를 통해 일본인에게 싼값으로 팔았다. 대규모 농장을 소유하게 된 농장주와 관리인들은 호남평야의 넓은 땅을 돌아보기 위해 당시 신문물인 자전

거를 이용하기 시작했다. 그로 인해 일본인의 자전거 판매점도 많아지고, 자전거 홍보를 위한 자전거대회가 자주 열리게 되었다. 자전거 선수는 대부분 자전거 판매점 직원이었는데, 자전차왕으로 유명한 엄복동도 자전거 행상을 했었고, 전주에서 열린 자전거대회에 참여한 사진이 남아 있다. 이런 전통 속에서 1986년 국내 유일한 사기업이 운영하는 전주 삼양사 사이클팀이 생겼었고, 2006년 전주시청 직장운동경기부 사이클팀이 창단되었다. 이 사이클팀은 2018년 전국대회 종합우승을 차지하기도 했다. 이상은 전주윤슬 51호(2019년 9월)의 이야기이다.

역사는 과거와 현재의 대화이며 매 시기 재해석되지만, 우리가 잊고 지나가면 기억 속에 사라진다.

전주시 평생학습관에 입사하기 전, 전주시지속가능발전협의회 문화분과 지표조사위원으로 오랜 기간 활동했다. 그때 전주시민들의 역사문화 조사에서 근현대 부분의 역사 인식이 많이 저조하다는 조사 결과를 보면서 우리 기억에서 사라질 수 있는 전주의 근현대에 대한 조사와 기록의 필요함을 느꼈다.

그러한 문제의식 속에 2015년 500만 원의 예산으로 시작한 것이 바로 〈전주윤슬〉이다. '윤슬'은 햇빛이나 달빛이 물 위에 비칠 때 그 빛이 일렁이는 잔물결을 뜻하는 순우리말로, '전주윤슬'은 '잔잔하게 우리 속에 들어있는 반짝이는 전주의 이야기'를 뜻한다. 〈전주윤슬〉은 우리가 모르고 지나가는 전주의 사람, 공간, 문화, 역사 이야기를 매월 1회 A4용지 1매 정도의 내용으로 발행하는 인쇄물이다. 4~6줄의 요약본을 전주시 반상회보에 매월 싣고, 인쇄물을 학교, 주민 센터를 비롯한 관공서, 도서관, 전주시 평생학습 기관 등에 배포했다.

2020년에는 〈전주윤슬 50선〉을 묶어 책자 발행을 했고, 2021년부터는 '전주비빔밥, 남부시장, 동학농민운동, 판소리, 전라감영 관찰사의 밥상' 등의 주제를 동영상으로 만들어 전주시 평생학습관 유튜브 업로

2020년 책자로 발행한 〈전주윤슬 50선〉

드하고 어린이 인문학 수업 보조교재로 사용하기도
했다.

알면 보이고, 아는 만큼 사랑하게 된다. 〈전주윤슬〉에
는 전주에 있는 우리나라 최초의 독립기념비, 전주
3.1운동 당시 여학교의 13인 결사대, 1980년 5.18 관
련 최초의 희생자, 육룡이 나르샤의 첫 용이 살던 곳,
한국 순교의 1번지, 전주에서 가장 오래된 다리, 반딧
불이와 쉬리 이야기, 염라대왕도 노리던 전주 음식 등
자세히 보지 않으면 알 수 없는 재미있는 이야기가 펼
쳐진다.

2015년 봄에 시작한 〈전주윤슬〉이 벌써 100호를 맞
이했다. 올해에는 〈전주윤슬 100선〉을 책자로 묶어
낼 예정이고, 앞으로 퀴즈대회나 〈윤슬 100선〉을 활
용한 사업을 계획하고 있다.

지금도 시간은 흐르고 있고, 역사는 기록하는 사람의
몫이다. '전주에 언제부터 사람이 살았을까?' 〈전주윤슬
1호〉를 시작으로 달라지는 전주의 모습과 기억해야 할

부분을 담아온 〈전주윤슬〉이 앞으로 더 풍성하고 다양하게 이어지기를 소망해 본다.

07

내 인생의 플러스, 50+플랫폼

인간은 인연으로 엮어 만든

하나의 매듭, 망, 그물이다.

중요한 것은 이런 인연이다.

– 생텍쥐페리

이OO 씨(60대 남성)는 제주도에서 건축 일을 하고 있었다. 한라산에 올랐다가 내려오면서 '내가 왜 이렇게 살고 있나? 왜 여기까지 와서 이 일을 하고 있나?' 하는 생각이 들어 일을 그만두고 고향인 전주로 돌아왔다. 그리고 길을 걷다가 '뭔가 할 수 있다면 지금 시작하라!'라고 적혀있는 '50+인생학교' 포스터를 보고 '이거다!' 라는 생각으로 50+인생학교 3기에 입학했다.

'50+인생학교'는 인생후반기 내 인생에서 뺄 것과 더할 것을 생각해보고 삶의 패러다임을 전환하는 시간이다. 가장 먼저 내 이름(닉네임)을 짓고, 영화를 보며 20대 감성을 끄집어내기도 하고, 신체 표현활동을 통해 자아 탐색의 과정을 갖기도 했다. 인생후반기를 살아가는 데 있어 중요한 경제, 건강, 대화법 등 생각의 전환을 이루는 시간을 가졌다.

김OO 씨(60대 여성)는 오랜 남편 병간호에 지쳐 있었다. 전주시 평생학습관의 프로그램에 참여했다가 50+인생학교를 알게 되었고, 이후 50+어른학교 〈반려의 숲〉 프로그램을 수강했다. 이어 그녀는 반려의 숲 역량강화교육과정을 거쳐 교육청 소속 숲해설 보조강사와 건지산 야호 놀이터 해설사로 일하게 되었다. 숲사랑 활동가 교육을 자신의 숨구멍으로 생각하고 있다는 그녀는 지금도 그 교육을 틈틈이 받고 있다.

이처럼 '50+인생학교'가 인생 전환교육이라고 한다면, '어른학교'는 인생후반기에 내가 할 수 있는 것, 잘하는 것을 찾아나갈 수 있는 다양한 탐색과정이다. 과정이 끝난 후에는 커뮤니티를 형성해서 사회공헌 활동 혹은 학습형 일자리 창출로 이어질 수 있도록 진행하고 있다.

'낭독반'은 책 한 권을 나누어 낭독·녹음한 후 녹음본 CD를 전북점자도서관에 기증한다. '즐거운 생활가구 만들기' 반은 배우고 익힌 목공 기술을 활용하여 지역 내 거동이 불편하신 독거노인들에게 2인용 식탁세트를 나누어 준다. '완주에서 3일 살기'는 3일 살기 과정 중에 공동텃밭을 일구고 작물을 심어 수확 후 기증과 나눔을 진행한다. 이외에도 악기를 연주하는 분들이 모인 '옹달샘' 커뮤니티, 시민라디오 교육을 통해 형성된 '라디오플러스', 숲체험 활동가 양성과정을 거친 '숲사랑' 등 50+플랫폼에서 만들어진 커뮤니티가 20개에 이른다.

커뮤니티들의 연합인 '50+커뮤니티 연합'에서는 집에서 안 쓰는 물건들을 기부받아 2022년 전주평생학습한마당에서 되살림장터를 운영하여 1,061,000원의 수익을 창출했다. 이 수익금은 50+인생학교 8기가 중심이 되어 진행하는 깜장산타(연탄봉사활동) 때 연탄은행에 기부했다. 이 기부활동은 연탄봉사와 함께 전통이 되어 계속 이어지고 있다.

50+세대는 중년 중 만50세~64세인 세대를 일컫는 말이다. 이 단어가 쓰이기 시작한 시점은 2014년 무렵이다. 50~64세를 대상으로 하는데, 어느 땐 50대만을 또 때론 50~69세를 가리키는 말로 쓰이기도 한다. 2022년 기준 1958년생~1972년생인 50~64세 인구는 전주시 전체 인구의 23.8%로 155,490명(22.6.30. 기준)이다.

현재 인류는 처음 경험하는 100세 시대를 살아가고 있다. 50년을 살고도 50년 정도 더 살아야 한다는 것이다. 정부에서도 베이비부머 세대들의 잇따른 퇴직에 신중년을 위한 정책들을 내놓고 있다. 전주시에서도 인생후반기를 보람 있게 만들어 나갈 수 있도록 2017년부터 50+세대들을 위한 인생학교와 어른학교 등 다양한 프로그램을 만들어 운영하고 있다.

나를 위한 시간보다 가족을 먼저 생각하면서 앞만 보며 달려왔던 50+세대들이 이제는 자신을 위해, 그리고 사회를 위해 보람된 일을 하는 시간을 찾으려고 한다.

인생의 후반에 친구를 만나고 싶어서, 변화가 그리워서, 40년 공직생활을 마치고, 정말 뭔가를 하고 싶은 용기를 얻고 싶어서, 우울증을 극복하고 싶어서, 인생을 후회하고 싶지 않아 용기를 내어, 다른 삶을 살아보고 싶어서 등이 50+인생학교에 입학한 이유이다.

이 글에 처음 등장한 이OO 씨는 지금 어떻게 살고 있을까? 인생학교 3기에서 운명처럼 만난 새로운 짝과 함께 인생을 리셋 중이다. 인생을 어떻게 살아야 할지 혼자서는 막막하지만, 여럿이 함께 고민하면 어렵지

2023년 11월 2일, 50+인생학교 9기 졸업식 모습

않게 개인의 꿈과 사회의 변화를 이뤄낼 수 있다.

50+세대들의 경험과 노하우는 사회적으로 큰 자산이다. 이를 바탕으로 내가 좋아하는 것을 찾아 여럿이 함께 전주시 곳곳에서 따뜻한 손길이 되어 훈훈한 전주시를 만들어 가고 있다. 나와 사회를 행복하게 만드는 곳, 전주시 평생학습관과 함께 내 인생의 플러스를 만들어 보면 어떨까?

08

바람이 불어도

돌아가기엔 이미 너무 많이 와 버렸고

버리기에는 차마 아까운 시간입니다. ...

낮이 조금 더 짧아졌습니다.

더욱 그대를 사랑해야 하겠습니다.

—나태주의 시 〈11월〉

"바람이 왜 부는지 아세요? 지나가려고 부는 거예요.

머물려고 부는 게 아니고. 저게 저렇게 지나가야 내가

날아갈 수 있는 거고."

tvN 드라마 〈사랑의 불시착〉 1화에서 패러글라이딩

을 하려는 윤세리(손예진 분)가 바람을 걱정하는 팀장

에게 하는 말이다. 하지만 윤세리는 예상치 못한 바람, 토네이도를 만나면서 북한에 불시착하게 된다. 그리고 리정혁(현빈 분)과 운명 같은 사랑을 하고 다시 남한으로 돌아오게 된다. '바람'은 드라마의 중요한 소재로 활용된다. 이유는 바람이 다양한 의미와 상징성을 가지고 있기 때문이다. 바람은 변화의 상징이기도 하고, 자유와 모험을 나타내기도 하고, 자연의 힘을 보여주기도 한다.

평생학습에도 다양한 바람이 불고 있다.

코로나19 시기에는 '비대면 교육'의 바람이 불어서 zoom강사를 양성하여 기관, 단체, 동아리를 찾아가는 맞춤형 zoom교육을 실시했다. 역사 기행, 인문학, 포럼 등 많은 사업들이 동영상 콘텐츠로 제작되어 평생학습관 유튜브로 시민들을 만났다. 찾아가는 사업은 이미 대세가 되었다. 공간은 '평생학습관'을 넘어서 유관 평생학습기관 전체로 확대되었고, 시민이 모인 곳이라면 어떤 공간이든 강좌가

지원된다.

요즘 가장 센 바람은 키오스크와 무인시스템, 생활 어플이다. 평생학습관은 노인복지관, 종합사회복지관, 장애인복지관, 성인문해(한글) 교육기관, 경로당 등에서 키오스크 사용법과 대중교통(버스, 택시), 음식주문(맛배달), 쇼핑, 뱅킹 어플 사용법을 알려주고 있다. 어르신들은 어색해하시면서도 열심히 배운다. 생활 어플이 언제 올지 모르는 택시를 기다리는 고단함을 줄여주고, 손자와 함께 아이스크림도 주문할 수 있게 하는 효자라며 뿌듯해하신다.

기술이 발달할수록 정보, 기술격차는 비례해서 많아진다. 우리나라 사람들이 평균 2개 이상의 OTT에 가입해 있고,[10] 온 국민이 〈오징어 게임〉에 열광하고, 〈더 글로리〉의 동은이에 공감할 때 넷플릭스와 OTT 서비스에 가입하지 못한 저소득층이나 노령층은 동

---

[10] 박진영, 김정인, 『웰컴투 어피티 제너레이션 2022』, 어피티, p121

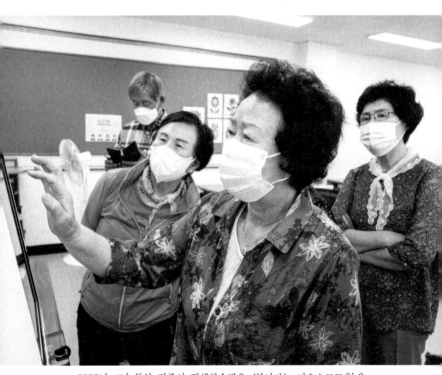

2023년, 1년 동안 전주시 평생학습관은 '찾아가는 키오스크교육'을 100회 진행했다.

은이나 연진이가 누구인지도 모르는 채 정보 소외지대로 밀려난다. 국민의 보편적 시청권이 흔들리고 있는 것이다. 평생학습관이 앞으로 OTT 설치와 조작법을 가르쳐 드리는 강사를 양성해서 파견해야 할지도 모른다.

바람은 그냥 지나가지만, 흔적을 남긴다. 문제는 저소득층과 노년층 등 사회취약계층은 더 정보에 취약하고 네트워크가 부족해서 작은 바람에도 무너지기 쉽다는 것이다. 이들은 기술혁신의 바람이 몰아칠수록 더욱 소외감을 느낄 수밖에 없다. 그런 점에서 바람 속에 잘 머무르고 바람 앞에 당당하게 설 수 있도록 잡아드리는 것이 평생학습관의 역할 중 하나이다.

앞으로도 어떤 바람이 불어와 어디까지 불지 아무도 모른다. 하지만 우리는 바람 너머 흐름을 봐야 하고, 적절한 사업을 구상하고 진행해야 한다. 갈수록 사업을 세분화하고 수요에 맞춰 뾰족하게 쪼개서 정보 격차, 교육 격차 없는, 배움이 필요한 곳은 어디나 비추는 '만천명월' 11) 이 되어야 한다.

---

11) 김준혁, 『리더라면 정조처럼』, 더봄 p357

정조가 자신이 국왕이 된 지 22년째인 1789년 이를 자호로 삼은 것이 '만천명월주인옹'이다. '만천명월'이란 땅에 있는 수많은 천을 고루 비쳐주는 밝은 달을 의미한다. '하늘에 떠 있는 밝은 달은 달이 어느 천은 작은 것이기에 작게 비추고, 어느 강은 큰 것이기에 많이 비추어서는 안 된다.'는 의미이다.

09

전주, 이색도서관 여행처럼

한 나라의 과거는 박물관에서,

현재는 학교에서,

미래는 도서관에서 보라.

‒ 작자 미상

전주는 '도서관의 도시' 다. 시립도서관 수가 전국 평균에도 못 미치던 전주가 언제부터 도서관의 대명사가 되었을까? 그 변화는 2017년 '대한민국 독서대전' 개최부터 시작되었다.

책을 읽거나 독서실처럼 공부만 하던 사람들이 찾았던 시립도서관은 어느새 탁 트인 멋진 건축물로 변신

하였고, 여느 카페 못지않게 예쁘고 화려해졌다. 전국 어디에서도 볼 수 없던 이색적인 도서관들도 생겼다. 시와 숲을 담은 '학산 숲속 시집도서관', 차경 너머 연꽃을 볼 수 있는 '덕진 연화정 도서관', 별이 쏟아지는 것 같은 '다가 여행자 도서관', 진귀한 미술책이 눈길을 사로잡는 '첫마중길 여행자 도서관', 이팝나무와 함께 팝업 그림책을 볼 수 있는 '이팝나무 그림책 도서관', 내놓으라 하는 유명 인사들의 기증 도서가 가득한 '동문헌책도서관' 등 세련되고 독특한 도서관이 눈을 휘둥그레 뜨게 만든다.

올해에는 친구들과 이색도서관들을 여행하는 도서관 여행 프로그램에 참여해 봤다. 도서관에 대한 소개를 들으며 구석구석을 탐방하는 재미가 쏠쏠했다. 도서관을 찾아가는 차 안에서 도서관 해설사 선생님은 전주가 도서관에 진심인 이유를 '한지', '완판본', '조선왕조실록'이라는 세 가지 키워드로 설명해 주었다. 전주는 물이 좋아 옛날부터 한지가 유명했다. 전라감영 안에 닥나무를 심어 직접 재배했고, 한지 장인이 상주했으며, 한지를 생산하는 조지소(造紙所)도 있었다. 좋은 종이는 출판문화의 기본이어서 출판문화가 발달했는데, '완판본'이라는 판본이 만들어지게 되었다. 완판본은 전주의 옛 이름인 '완산'에 '목판'과 '책(본)'을 합한 이름이다. 서울의 경판본, 대구 달성 판본과 더불어 전주의 완판본은 사투리가 구수하고 재미있어서 아주 인기 있었다고 한다. 여기에 조선왕조실록을 지켜낸 '전주사고'가 있는 도시 전주라는 역사가 그 의미를 더한다.

이러한 역사성과 정체성 속에서 전주는 2017년 '책의 도시'를 선포하고, 출판문화를 활성화하기 위해 시민들이 책을 더 가까이 접할 수 있도록 도서관을 리모델링하기 시작했다. 지금은 시민들의 수요에 맞게 새로이 단장한 12개의 시립도서관과 새롭게 생긴 특화도서관 9개가 책을 만나는 색다른 공간을 제공하고 있다.

이색도서관을 찾아 설명도 듣고 체험도 하는 〈도서관 여행〉뿐만 아니라 전주의 도서관과 완주의 문화공간을 여행하는 〈라키비움 도서관 문화여행〉까지 도서관 프로그램은 무척 인기가 많다.

올해 5월 3일 문을 연 '전주혁신도시복합문화센터'는 어린이, 청소년 중심의 문화공간으로 작은 도서관에 더해 실내 놀이터, 창작 공간, 동아리방까지 다양한 공간으로 구성되어 있다. 이곳은 거주하고 있는 시민의 특성에 따라 도서관이 얼마나 더 확장 및 변화할 수 있는지를 잘 보여주고 있다.

평생학습관도 이러한 도서관처럼 시민들의 정주여건과 밀접한 관련을 가지고 있다. 실제로 전주시 평생학습관 주위에는 가족의 입학과 직장이동에도 학습관 때문에 이사 가지 않는 주민들이 있다. 그리고 부득이하게 이사를 갔다가도 되돌아오는 경우도 있었다.

저출산과 지역 소멸 문제에 대응할 핵심 키워드 중 하나가 바로 도서관과 평생학습관이다.

『트렌드 코리아 2024』(김난도 외 10인 저, 2023)에서는 2024년 키워드 중 하나를 '리퀴드폴리탄'으로 선정했는데, 이것은 말 그대로 고정된 도시가 아니라 다양한 구성원이 어우러져 물이 흐르듯 유연한 액체 도시를 뜻한다. 더불어 주민등록 주소지로 적을 두지 않아도 좋은 '생활인구', '관계인구'가 주목받고 있다. 그러니 도서관과 평생학습관이 매혹적인 공간이 된다면 거주민뿐만 아니라 인근 지역의 생활인구와 관계인구가 유입되는 통로가 될 수 있을 것이다.

이처럼 좋은 학교가 있는 학군이 학부모에게 매력적인 거주지라면 멋진 도서관, 평생학습관은 발길을 붙잡는 공간이자 머무르는 시간을 만드는 곳이다. 군산시는 2019년부터 전국 최초로 발달장애인 평생학습관을 운영해 많은 이들의 발걸음을 사로잡고 있다. 앞으로 전주시가 도서관만큼 평생학습 도시의 매력도 넘쳐나기를 소망해 본다.

10

평생학습관 사람들

무엇보다 냉혹한 한국 사회 현실에서

업(業)의 본질을 지키며 살아가고자,

각자가 선 자리를 어떻게든 개선해 보려 발버둥치다

깨어져 나가는 바보 같은 사람들의 흔적이다.

– 이국종, 『골든아워 1』 서문

2014년 10월 23일, 나는 전주시 평생학습관에 입사했다. 이미 많은 선배 평생교육사들이 터를 잡고 있었다. 함께 배우고, 새로운 일을 기획하고 진행하며 많은 고민을 나누었다.

든든한 맏형, '아재' 님은 다재다능하다. 본업인 평생 교육사로서 기획력도 뛰어나고 아이디어도 많지만, 그림도 잘 그리고 글씨도 멋있게 잘 쓴다. 디자인 감각도 있어서 포스터 도안도 직접 그려서 설명한다. 아이들 낙서로 엉망이 된 강의실을 동료 직원과 함께 직접 페인트칠을 한 적도 있고, 태풍의 여파로 학습관 천장이 날아가거나 물 폭탄이 쏟아졌을 때 문구점에서 부품을 사다 직접 연결한 적도 있다.

이렇게 할 줄 아는 게 많으면 뭘 하고 싶을까? 정작 본인은 시를 쓰고 싶다고 한다. 실제로 신춘문예에 응모한 적도 있다. 알고 보면 집안이 예술가 집안이다. 부인은 전주에서 알아주는 설치 미술가이고, 장모님은 시인이다. 부인을 만난 곳도 전주시 평생학습관이었다. 2006년 평생학습관에서는 초등학생 아이들 프로그램을 많이 개설했는데 그중 하나가 창의 미술이었고, 말이 통하는 동갑내기 강사님과 이야기를 나누다 자연스럽게 평생 친구가 되었단다.

'자유' 님도 평생학습관에서 인연을 찾았다. 평생학습관이 개관한 후에 평생학습시설 간담회가 있었고, 그때 모대학 평생교육원 직원이던 그녀를 만나게 되었다. 이후 평생학습박람회를 같이 다녀오고 3~4년간 이런저런 이유로 만남이 잦다 보니 함께 여행을 다니는 사이가 되었다. 그는 가정에서도 직장에서도 든든한 사람이다. 사업을 무서워하지 않고, 기획력이 뛰어나고 아이디어가 많다. 긍정적이고 유쾌한 성격으로 사무실 분위기를 항상 밝게 만든다. 농구천재를 꿈꾸지만 이제 농구팀 내에서도 연장자에 속하고, 평생학습관에서 일한 지 17년이 지나가면서 막내 타이틀도 반납한 지 오래다.

자출사(자전거로 출근하는 사람) '놀자' 님은 계속 공부하는 사람이다. 공부가 하고 싶어 스승님을 찾아갔더니 돌아가서 마음이 서면 다시 오라고 하더란다. 덜컥 겁이 나서 한 달을 망설이다가 다시 찾아가 시작한 것이 '한문 공부' 라고 한다. 공부한 지 벌써 6년, '대학' 을 마치고 '맹자'를 읽고 있다. 공부를 하다 보면 저녁을 거르기 일쑤다. 옆자리에 앉은 나는 '밥 먹으려고 하는 일인데 밥까지 거르면서 할 만큼 공부가 재미있나?' 하는 생각이 든다. 공부에 빠져 있어서 그런지 모두가 다 아는 TV 프로그램이나 이슈를 혼자만 모르고 엉뚱하게 철 지난 이야기를 하거나 웃을 수 없는 아재 개그를 자주 날려 MZ세대 동료들에게 레드카드를 받기도 한다.

그럼에도 그는 유쾌하고 긍정적이다. 이런 긍정적인 에너지는 자전거와 공부에서 보여주는 꾸준함에서 나오는가 보다. 그는 전주시 평생학습관 첫 출근 날부터 지금까지 18년 동안 자전거로 출퇴근하고 있다. 눈이 오나, 비가 오나, 바람이 부나... 그렇게 10년을 넘게 자전거로 출퇴근하면서 겪었던 담담한 이야기를 엮어 『나는 자출사다』란 책을 출간하기도 했다. 지금 전주시 평생학습관의 인문학 사업 전체를 맡고 있는 그는 앞으로 "전주형 시민대학"을 만드는 꿈을 꾸고 있다.

'놀자' 님과 동갑내기 '꽈하' 님은 차분한 열정맨이다. 그녀는 웃음소리가 우렁차다. 나도 어디 가서 웃음소리로 밀리지 않는데 나보다 큰 웃음소리는 처음이다. 평생학습관이 과 단위로 커지기 전에 우리는 8명이 한 팀이었다. 매주 월요일 아침, 주간회의를 하다 보면 눈이 마주칠 때가 종종 있다. 내가 말할 때 그녀는 살짝 미소 지은 표정으로 고개를 끄덕인다. 자신감이 올라가는 순간이다. 나에게도 자신감을 주지만 그녀 자신도 현재를 즐기는 사람이다. 그녀는 어디로 가는 걸까? 따라가 보면 자신의 열정을 쫓아간다. 그 열정이 평생학습 사업에 반영되어 늘 새로운 사업이 활기차게 시작된다.

나보다 늦게 입사한 '코난' 님은 사무실의 탐정이다. 어떤 물건이 어디에 있는지, 무슨 서류를 어디에서 찾아야 하는지, 규정은 무엇인지를 온라인에서든 오프라인에서든 다 찾아낸다. 심지어 화장실에 비누 받침

전주시 평생학습관 평생교육사들

을 누가 가져갔는지 CCTV로 찾아내기도 했다. 걸리면 가차 없다. 기획력이 있고, 자신이 맡은 일을 야무지게 처리한다.

평생학습관에서 일해 본 사람은 누구나 인정한다. 평생교육사 5명 모두 일에 대해 헌신적이고, 능력 있고 열심히 한다고. 그럼에도 안타까운 것은 고용의 안정성도, 승진의 기회도 보장되지 않아 현재 일이 즐겁고 보람차지만, 항상 다른 일터를 찾아보게 한다는 점이다. 실제로 내가 근무하는 중에도 고용불안으로 이직한 친구가 있었다. 착하고, 야무지고, 자기 일에 애정이 있는 친구였다. 서운했지만 잡을 수 없었다. 오히려 5년마다 돌아오는 심각한 재계약의 딜레마에서 벗어나게 된 것을 축하해 줘야 했다.

필자 또한 2024년 2월, 계약 만료를 앞두고 1년 내내 불투명한 미래로 인해 적지 않은 스트레스를 받았다. 일을 하면서도 수시로 떠오르는 불안감이 집중력을 흐트러트리곤 했다.

평생교육사의 고용안정은 곧 그들이 쌓아놓은 경험
이 축적되는 것이고, 또한 발전의 원동력이 되는 것일
터다. 그리고 이는 평생학습관이 제공하는 전주 시민
들을 향한 양질의 교육 기회 확대로 이어질 것이다.
그러니 전주 시민들을 위해서라도 능력 있고 경험 많
은 평생교육사들이 안정적으로 근무할 수 있는 환경
이 마련되길 간절히 소망해 본다.

CHAPTER

02

제2장

일상 공부

나의 대출 해방일지

절제란 외부에서 흘러드는 불필요한 욕망을 제거하고,

필요한 욕망은 시기와 규모를 조절하기 위해

욕망들을 제약하고 정돈해 주는 것이오.

– 플루타르코스, 「그리스 로마 에세이」

2023년 4월 26일, 드디어 '빚'이 사라졌다.

17년간 매월 하루도 어기지 않고 꼬박꼬박 낸 이자에
게 말했다.

"잘 가라! 이자야.

함께해서 더러웠고 다시는 보지 말자!"

그날 저녁, 가족들이 모인 자리에서 대출 해방 선언을 했다. 아들과 딸은 박수를 보내며 축하해 주었다. 그러면서 어떻게 갚았냐고 물었다. 답은 분명했다.

꾸준히 열심히.

작년부터 대출 금리가 오르기 시작했기에 매월 1일, 급여 통장에 남는 돈은 모두 대출금 상환에 힘썼다. 그러다가 『월급쟁이 부자로 은퇴하라』 책을 보고 보험회사에 다닌 저자가 종잣돈을 만들기 위해 가장 먼저 보험을 해약한 것이 눈에 들어왔다. 내년 재계약이 안 될 경우를 생각해 보면, 가상 먼저 줄어야 힐 것은 '종신보험'이었다. 당장 '종신보험'을 해약해 남은 대출금을 갚았다. 아들은 "보험 해약으로 기회비용을 늘렸네요!"라고 한다.

나의 대출일지는 2006년으로 거슬러 올라간다. 결혼하고 아이 둘을 키우면서 없는 살림이지만 빚은 없었던 내 삶에 그가 들어온 것은 뜻하지 않았던 선거 때문이었다.

2006년 5월, 시의원으로 당선이 되자마자 나는 지역 은행에 마이너스 통장 5천만 원을 만들었다. 사실 그것으로도 모자랐다. 갑작스러운 출마와 이사로 얼굴을 알리기 위해 현수막도 가장 크게 걸었고, 명함도 수도 없이 돌렸으며, 예비후보자 홍보물도 만들었다. 선거비용은 나중에 다 보전되지 않냐고? 보전된다. 법정 선거운동 기간에 한해서. 예비후보자 신분일 때 홍보물이나 선거사무실 운영비 등은 본인 부담이다.

당선은 기쁜 일이지만, 두 번의 선거와 한 번의 경선, 8년의 정치활동은 갈수록 더 큰 빚을 남겼다. 불행인지 다행인지 도의원 경선 패배와 백수 생활 5개월, 그리고 재취업을 하면서 정치활동은 끝이 났다.

재취업은 했지만, 쌓인 대출금을 바로 갚기는 어려웠다. 교과서만 보고 공부 잘한다는 아이들은 TV 속에나 있었고, 우리 집에는 해당이 되지 않았다. 기간이 길어신다는 것은 무감각해진다는 것이다. 아이러니하게도 마이너스 통장으로 스트레스를 받으니 자포

자기식 지름신이 더 자주 강림했다. 원리금만 갚기에
도 팍팍한 살림이라 '경제 공부'가 더 절실한 상황이
었지만, 대출금을 최대한 빨리 갚아야 한다는 생각만
들 뿐, 오히려 쳐다보기도 싫은 게 '경제 공부'였다.

그러다가 2021년 10월 독서동아리 리더스클럽에서
『보도 섀퍼의 돈』을 읽고 토론하게 되었다. 저자는
'빚이 문제가 아니라 빚을 보는 자세가 문제'이며, 빚
이 있더라도 인간은 희망과 성취감이 있어야 하므로
저축을 해야 하고, 투자에 관심을 가져야 한다고 말한
다. 나의 '빚을 보는 자세'는 '회피'였다. 당시 내가
받은 대출금 금리가 2.8%였는데, 복리 3.5% 행정공
제를 등한시하고 있었다. 당장 3.5% 공제에 가입하
고, 필요경비를 줄였다.

2022년부터 리더스클럽 경제 소모임에서 한 달에 한
번 경제 관련 책을 읽고 토론했다. 올해부터는 친구와
함께하는 유튜브 채널 〈살아있는 책 읽기 산책〉에서
'책으로 돈 벌기' 코너를 맡아 경제 관련 책을 소개하

며 경제활동 내용을 공개하고 있다.

어느 책이나 부를 만드는 과정은 같았다. "절약, 종잣돈 만들기, 투자 공부, 내게 맞는 투자 찾아 투자하기"이다. 나는 경제 공부를 하면서 휴대폰 요금제를 알뜰 요금제로 바꿔서 월 5만 원이던 요금을 0원으로 줄였다. 점심은 도시락이나 블로그 체험단을 활용해서 해결하는 등 외식비를 줄였다. 대출금을 갚은 후에는 생활비를 더 줄였다. 공제 저축을 최대한 늘리고, 카카오뱅크 26주 적금(연리 7%)과 우리은행 데일리 워킹 적금(연리 11%)에 가입하여 비교해 보기도 하며 투자 통장을 만들고, 공부하고 있다.

돌아보면 우리는 지금까지 학교에서 제대로 된 경제, 금융에 대해 배워본 적이 없다. 지금은 재테크 열풍이 불고 있다. 큰 부자가 되기 위해서가 아니라 나의 경세석 자유와 독립을 위해 우리 모두에게 경제 공부가 필요하다. 숱한 시행착오를 거치면서 내가 느낀 것은

필요성을 느꼈을 때 바로 시작하고, 배운 만큼 실천해
야 한다는 것이다.

만보 걷기 프로젝트

몸은 내 존재다. 몸만이 현재다.

몸이 무너지면 다 무너진다.

– 도미니크 로로, 『심플하게 산다』

20대 중반 이후 몸은 항상 예전 같지 않았다. 확실한 것은 점점 나빠진다는 사실이었다. 아이 둘을 낳은 후에는 뼈마디가 풀린 느낌이 들었다. 그렇지만 따로 운동을 하지도, 건강관리를 하지도 않았다. 특히 30~40대 기간에는 시의원으로 활동하면서 상대적으로 걷는 시간 대신 앉아 있는 시간이 많았고, 여름엔 쎈 냉방기에 계속 노출되면서 다양한 병을 얻었다. 과민성 대장증후군, 만성적인 감기, 냉방병이 바로 그 병들이다. 모두 겉으로는 크게 드러나지 않는 병이었기에 '나이 들어서 그런가 보다' 하면서 병이랑 같이 살았다.

2019년 5월, 감기에 걸렸다. 그런데 이번엔 일주일 동안 약을 먹어도 낫지 않았다. 한 달을 직장 근처 이비인후과에 다녔다. 의사 선생님께 물었다.

"이게 감기 맞나요? 왜 한 달 동안 낫지 않을까요?"

"나이가 들어서 그래요. 60대가 되면 더 안 나을 거예요."

의사 선생님의 대답에 나는 충격을 받았다. 물론 내가 50대에 접어든 것은 사실이지만 계속 이렇게 몽롱한 상태가 길어질 거라니.

감기가 떠난 6월부터 나는 날마다 걷기 시작했다. 하루에 만보씩 걸었다. 한 달 정도는 계속 다리가 아팠다. '왜 계속 아프지?' 라고 생각할 때쯤 걷는 게 자연스러워졌다. 그리고 그 이후로 2022년 코로나19가

내게 찾아오기 전까지 이비인후과는 가지 않았다. 과민성 대장증후군도 많이 완화되었다.

나처럼 운동하는 것을, 아니 걷는 것조차 싫어하는 게으름뱅이가 하루에 만보를 걷는다는 것은 결코 쉬운 일이 아니다. 만보를 걷기 위해서는 적어도 하루에 한 시간 이상은 시간을 내서 걸어야 한다. 내가 이만큼이라도 걸을 수 있었던 것은 페이스북의 걷기 그룹에 날마다 걸음 인증샷과 사진을 올렸기 때문이다. 혼자만의 계획이었다면 언제인지 모르게 중단되었을 일이 누군가 함께하는 사람들이 있다 보니 스스로에게 담금질이 되었다.

'3, 21, 66, 90'의 의미를 아는가? 3일은 작심삼일의 유혹을 넘기는 시간이고, 21일은 뇌가 습관을 인식하기에 필요한 시간, 66일은 몸이 기억하는 시간, 90일은 죽음의 계곡을 넘어서는 시간이라고 한다.[12] 나는

---

12) 이범용, 『습관의 완성』, 스마트북스, 2019

감기에 안 걸리는 걷기의 효용성을 깨달으면서 죽음의 계곡을 넘어 만보 걷기를 습관화했다.

2021년부터는 리더스클럽 회원들과 함께 1년에 3회씩 '건강증진 100일 프로젝트'를 운영하고 있다. 동아리 단톡방에 모집 공지를 올린 후 개별적으로 참여 신청을 받아 100일 동안 단톡방을 운영한다. 회원들은 걷기나 스트레칭, 댄스, 수영 등 자신의 목표와 인증샷으로 건강증진을 서로 독려한다.

걸으면 신체 건강만 좋아지는 것이 아니다. 밤길을 걷던 어느 날엔 낮에는 보지 못했던 풀, 꽃, 나무, 하늘 등 다른 친구를 만난다. 매일 걷던 길을 거꾸로 걸으면 새로운 친구들이 나타난다. 날마다 걷다 보면 그 시간이 스스로 고요해지는 시간이 되고, 나를 만나는 시간이 되기도 한다. 우리 집 주변에, 직장 주위에 어떤 길이 있고 산이 있으며, 시시때때로 어떤 꽃이 피는지 알게 된다. 계절별로, 시간별로 달라지는 사물의 변화에 때로는 감탄하고, 때로는 비바람을 피해 허겁

지겹 뛰어다니며 인간이 얼마나 작은 존재인지 느끼기도 한다. 해가 지는 풍경과 별이 빛나는 밤, 조각달의 세밀한 아름다움을 만끽한다. 내가 자주 다니는 전주천의 봄의 향기, 여름의 빛깔, 가을의 소리, 겨울의 느낌이 생생하게 느껴진다. 산과 들, 밤과 낮의 아름다운 자연이 아무것도 없는 나에게 풍요로운 일상을 선물한다.

이렇게 만보 걷기가 내 생활의 일부가 되고 큰 병치레 없이 건강한 삶을 이어가고 있을 무렵, 올해 코로나19 후유증과 갱년기가 찾아왔다. 새로운 알레르기 증상이 생겼고, 수시로 두통이 느껴졌다. 다시 감기가 들락날락하고, 수시로 열이 오르락내리락했다. 머리맡 대면 조명과 소음에도 굴하지 않고 바로 잠들었던 내가 바로 잠들지 못하고, 새벽에 깨는 일이 잦아지니 어르신들이 아침잠이 없어지는 이유를 공감하기도 했다.

스마트폰과 자극적인 음식을 탐닉하며 보상을 주는

자극을 쫓아가다가 화난 중년이 되고, 오래 아픈 노년을 맞이하게 된다.[13] 그러고 싶지는 않다. 커피를 끊고 아침 명상을 시작하며 50대를 위한 일요일 발레교실에 참여했다. 되도록 일찍 잠자리에 들려고 하고, 잠을 잘 잘 수 있는 환경을 만들려고 했다. '나이를 먹다 보면 자신을 해치는 건 멀리하게 되고, 자기 내면의 목소리를 듣는 법을 배우게 된다.'[14] 는 말을 절감했다.

명상으로 자신을 비워내고 스스로 괜찮다고 위로하며 스트레칭과 근력 운동을 조금씩 늘려갔다. 나에게 맞는 한의원을 찾아 치료의 도움도 받았다. 그러자 열이 오르는 빈도와 강도가 차츰 낮아졌고, 조금은 불편하지만 다시 일상을 되찾았다.

나는 건강 공부를 통해 나에게 맞는 건강관리 방법을

---

13) 정희원, 『당신도 느리게 나이들 수 있습니다』, 더 퀘스트, p7
14) 에이다 칼훈, 『우리가 잠들지 못하는 11가지 이유』, 라이팅하우스 p283

찾았다. 사람은 생김새가 다른 것처럼 음식도, 운동도, 건강관리도 맞는 것이 모두 다르다. 덕분에 아이들은 주말에 누워 있는 엄마가 아닌, 평일보다 바쁘게 움직이는 엄마를 보게 되었다. 건강이 받쳐주지 않으면 활동도 할 수 없다. 앞으로도 나의 건강 공부는 계속될 것이다.

내가 세상을 잃었을 때

상처 입은 마음은

너의 꿈마저 그늘을 드리워도

기억해 줘

아프도록 사랑하는 사람이 곁에 있다는 걸

– 성시경, 〈두 사람〉

2014년 5월 10일, 나는 세상을 잃었다.

오로지 하나의 목표만을 향해 달려왔고, 한 번도 실패를 예상하지 않았다. 지역구를 돌아다녀도 너무나 분위기가 좋았고, 경선 전화를 받는 날, 우리가 직접 확인한 경선 전화만 해도 몇백 건이었다. 그에 비하면

상대 후보는 거의 전화를 받지 못했다는 소문이 들려왔다. 경선 발표장 안에 들어갈 때조차도 미리 내게 축하 인사를 하는 사람들이 있었고, 상대 후보는 아예 오지도 않았다.

그런데 결과는 참패였다. 처음엔 뭔가 잘못되었을 것이라고 생각했다. 재심을 요청했지만 받아들여지지 않았다. 이후 주변의 인사할 곳에 인사하고, 메시지와 뉴스레터를 보낸 다음 관계되는 모든 곳에 발길을 끊었다.

세상이 너무나 고요해지고 할 일이 없어졌다. 일과 관계가 사라지고 빚만 남았다. 하루에도 열두 번씩 감정이 널뛰기했다. "나는 괜찮다."라고 말하며 웃었지만, 실제로는 괜찮지 않았다. 낮에는 괜찮은 것 같지만 밤이면 잠이 잘 오지 않았다. 원인 모를 피곤함이 몰려왔나.

그때 초등학생이던 아들이 말했다.

"엄마! 엄마는 쉰 적이 없잖아요. 좀 쉬세요!"

그렇다. 나는 쉰 적이 없었다. 수첩에 하고 싶은 것들을 적어보았다.

　1) 독서, 2) 영어 공부, 3) 글쓰기, 4) 정리, 5) 인사,

　6) 빈둥거리기, 7) 여행, 8) 좋은 엄마 노릇, 9) 운동,

　10) 영화 보기

먼저 집에 있는 책, 『혼불』 10권을 읽었다. 혼불문학관의 혼불 읽기 모임에도 가보고, 삼천도서관에서 진행하는 '전주! 아는 만큼 보인다.' 강의 중 〈혼불 강의〉도 들었다. 백수가 아니었으면 꿈꾸기 어려운 일이었다.

매주 화요일 아침 6시 반에 시작하는 철학 공부도 꾸준히 나갔다. 시간적 여유는 마음속에 해보고 싶었던 것을 도전하게 도와준다. 집에서 꼼짝도 안 하고 빈둥거리는 것도 괜찮은 경험이었다. 차를 안전하게 주차해 놓고 하루 종일 밖에 나가지 않거나, 영화를 보러 전주디지털독립영화관을 1시간 정도 걸어서 가기도

했다. 그렇게 여유 있게 지내다 보니 이사한 이후 한 번도 거들떠보지 않았던 베란다 창고에 쌓여있는 짐들이 눈에 들어왔다. 오랜 시간 쌓아놓았던 많은 양의 짐을 정리 정돈하면서 옛 추억들과 만나기도 하였다.

저녁엔 30분 정도 천변을 걸었다. 아들과 함께 걷기도 하고, 아주 드물게는 남편과도 걸었고, 대부분은 혼자 걸었다. 잡다한 생각들이 불쑥 솟았다가도 다시 삼천 속으로 들어갔다. 아이들의 여름방학 기간에는 늘 아침, 점심을 꼬박꼬박 챙겨주고, 비 오는 날 우산을 가져다주기도 하고, 다리를 다친 딸을 한 달 동안 등·하교를 시켜 주기도 했다. 아이들은 전혀 변화를 못 느꼈겠지만, 나에겐 약간의 죄책감을 덜어내는 시간이었다.

보지 못했던 영화, 드라마도 몰아보기 시작했다. 〈꽃보다 할배〉, 〈응답하라! 1994〉 시리즈를 한꺼번에 보고, 〈수상한 그녀〉부터 〈역린〉까지 그동안 못 봤던 영화를 원 없이 봤다. 혼자 디지털독립영화관에 가서 〈

마담 프루스트의 비밀정원〉을 관람하고 〈군도〉, 〈해적〉, 〈해무〉, 〈명량〉 등 새로 상영될 때마다 가족과 함께 영화관을 찾기도 했다. 아무 계획 없이 평일, 남편과 담양 대나무 축제를 다녀오기도 하고, 지인들의 제주도 3박 4일 여행을 따라가 일정 없이 다니기도 했다. 돌이켜보면 그렇게 섬세한 육아를 한 부모가 아니었으면서도 아이들만 놔두고 어디로 떠나본 적이 없었다. 이러한 일상을 살아가며 내게 들었던 생각은 지난 8년 동안 내가 스스로의 틀에 많이 갇혀 있었다는 것이다.

'내가 이렇게 한가해도 돼?' 하는 심리적 죄책감 때문에 마음 편히 영화조차 즐기지 못했다. 여행도 마찬가지였다. 비교 시찰, 해외 연수도 많았지만, 대부분의 여행은 목적이 있었기에 편안하게 즐기지 못했다. 무언가를 배워 와야 한다는 강박에서 해방되니 산천초록이 더 아름다워 보였다.

8월 20일부터 한 달간은 직업전문학교에서 포토샵과

일러스트를 배웠다. 우리나라 고용실업 정책과 교육생들의 문화, 나의 적성을 돌아볼 수 있었다. 리더스클럽에서 주최하고 (주)투어컴이 후원하는 독후감대회의 실무를 맡아서 일하기도 했다. 오랜만의 실무였다. 뭐든지 다 할 수 있을 것 같았지만, 막상 할 수 있는 일은 한정되어 있었다.

공모를 보고 응모하고, 취업하기까지 한 달이 걸렸다. 자기소개서와 직무수행계획서를 작성하면서 지난 삶을 되돌아보고, 앞으로 하고 싶은 일을 생각해 보았다. 빈둥거리면서 달콤한 시간을 보냈다. 수입은 0원이었지만 지출은 똑같았기에 무거운 심리적 압박과 불안정한 미래에 대한 고민이 늘 나를 옥죄었다.

하지만 5개월 백수 생활에서 나의 다짐은 앞으로 꼭 내가 하고 싶은 일을 하며 살겠다는 것이었다. 그리고 '감사하는 마음'을 늘 잊지 말아야겠다고 생각했다. 고작 선거 한 번 떨어졌을 뿐인데 (수없이 떨어지는 사람도 많은데...) 이 세상이 끝난 것처럼 우울했던 그 시간

속에서 많은 사람들이 나를 일으켜 세워주었다.

가장 힘이 되어 준 것은 역시 가족이었다. 그전까지 바쁜 일상에서 육아관의 차이로 남편과 은근히 많이 다퉜고, 내심 나는 화를 품고 있었다. 선거에 떨어지고 세상이 나를 버린 것 같았을 바로 그때, 남편 역시 나처럼 돌아서 울고 있었다. 자신을 자책하며.

절벽처럼 암담했던 그때 그 세상에서 내가 의지할 수 있는 사람은 오직 남편임을 깨달았다. 남편은 하루 종일 뒹굴뒹굴하며 우울해하고 있던 내게 매일 전화를 걸어 저녁은 뭘 먹고 싶냐고 물었다.(그땐 참 잡채를 참 많이 먹었다.) 그 말 한마디가 내겐 큰 위안이 되었다. 아이들도 항상 내게 응원의 메시지를 보내주었다.

한 동네 선배는 제주도 여행을 다녀오라고 돈을 걸어 주었다. 독서동아리 책바라기 회원들은 선거 치르느라 고생했다며 꽃다발을 선물해 주었고, 작은 단체에서는 머리 좀 식히라고 1박 2일 숙박권을 건네주었다. 나는 선거에서 졌지만 이렇게 많은 주변 사람들이 나

1. '나'의 한 해를 정리해보세요

항 목	내 용	이 유
가장 큰 사건은?	낙선	처음으로 선거
가장 잘 한 일은?	낙선	사업을 시작
가장 아쉬운 일은?	낙선	도와준 하고 분들한테 미안~
가장 재미있었던 사건은?	낙선으로 내수성향	득표율 1세계
가장 슬펐던 사건은?	낙선	하고 분들한테 미안
가장 기억에 남는 영화는?	마담 프루스트의 비밀정원	

2. 올 한해 나와 우리집(회사)의 10대 뉴스 (굿-뉴스 포함)를 정리해보세요

순위	나의 10대 뉴스	우리집의 10대 뉴스

2014년 나의 가장 큰 사건, 잘한 일, 아쉬운 일... 모두 '낙선' 이었다.

를 응원해 주고 있는 것이었다.

그 해 송년모임을 하면서 정리를 하다 보니 2014년 나의 가장 큰 사건도, 잘한 일도, 아쉬운 일도, 재미있었던 일도, 슬펐던 일도 '낙선'이었다.

어떤 사건이 한 가지 성격만 있는 것은 아니다. 낙선으로 슬프고 힘들었지만, 좋은 사람들과 새로운 일을 만나게 되었다. 처음으로 실패했지만, 덕분에 처음으로 백수생활을 누려보기도 했다. '실패 공부'는 권하고 싶지는 않지만, 나와 내 주위 사람을 새롭게 인식할 수 있는 공부이다.

지금, 인생의 먹구름이 몰려오고 비바람을 맨몸으로 맞고 있는 것 같은가? 그럴 땐 폭풍우가 지나간 후 맑고 청명한 하늘을 떠올려 보라. '실패'의 다른 이름은 '기회'이고, '공부'이다.

글쓰기가 필요한 이유

글쓰기는 너 자신을 조금이나마 알게 해주고,

그리하여 너를 변화시키며, 희망을 품게 해준다.

– 신유진, 『생텍쥐페리의 문장들』

오늘 독서토론 진행은 K선생님이다. 10년 동안 독서
동아리에 출석하셨지만, 첫 진행인 K선생님은 설렘
반 두려움 반의 마음이라고 하신다. 〈마음의 질서를
찾는 방법〉에 대한 토론에서는 마음의 질서를 찾는
방법은 '글쓰기'라고 하시며 자신이 쓴 글을 읽어주
셨다. 초등학교 때 억울하게 혼나고 두 시간 이상 무
릎 꿇고 벌섰던 일화를 글로 옮긴 것인데, "선생님!

저, 그땐 정말 몰랐어요!"라고 끝을 맺으셨다. 스승의 날에 글을 쓰면서 속이 후련했다고 하신다.

나도 그렇다. 글을 쓰다 보면 마음이 정리되고 내 생각도 정리된다. 방 정리를 하다가 고등학교 1학년 때부터 대학교 때까지 쓴 일기를 발견해 읽으면서 킥킥댄 적이 있다. 생각해 보니 기쁘고, 화가 나고, 마음이 산란할 때마다 글을 썼다.

글쓰기는 그렇게 우리의 내면을 탐구하고 정리하는데 도움을 준다. 동시에 아이디어와 생각을 단어로 옮기는 과정은 창의력과 분석력을 키우게 하고, 우리의 감정을 표현하여 심리적 안정감을 창출한다. 글은 새로운 생각을 부르고 또 다른 글을 부른다. 그렇게 글이 쌓이면 책을 쓰고 싶은 생각이 든다.

글은 사람들 간의 의사소통을 강화하는 중요한 도구이며, 기억을 보존해 주는 기록이고, 창의적인 사고와 표현력을 강화시켜 주는 촉매제이다. 이 글을 묶어서 책을 쓰는 것은 글쓰기의 마침표이다. 한 권의 책은 글을 체계적으로 정리하고, 더 오래 보존해 주기 때문이다.

책을 쓰려면 어떻게 해야 할까?

먼저, 물리적 시간 확보가 필요하다. 없는 시간을 만들기 위해서는 필요 없이 보내는 시간을 더 줄여야 한다. 돈의 씀씀이를 알기 위해 가계부를 쓰는 것처럼, 시간의 가계부를 써야 한다. 책의 분량은 생각하는 시간, 글쓰는 시간과 정비례한다. 걸으면서, 이동하면서 글의 얼개를 잡을 수도 있다.

시립도서관이나 평생학습관 글쓰기 프로그램에 참여하는 것도 좋은 방법이다. 내가 보지 못하는 것을 보고 조언해 주는 사람이 있으면 글도 좋아지고, 시간도 훨씬 단축된다.

평상시 글쓰는 습관이 있으면 도움이 많이 된다. 나의 경우 책을 쓸 때마다 그동안 블로그에 올린 글의 도움을 많이 받았다.

글쓰기는 자유로움과 내적 탐구를 중심으로 하며, 책

쓰기는 체계적인 구조와 목적을 갖고 있다. 하지만 두 과정 모두 창조와 표현의 본질을 담고 있어 우리의 미적 경험을 풍부하게 만들어 준다.

글쓰기와 책쓰기는 우리의 내면을 탐색하고 타인과 소통하는 강력한 도구이다. 이 두 과정을 통해 우리는 다른 사람이 아닌, 스스로에게 창조와 표현 활동을 통한 위로를 선물할 수 있다.

마음의 과속방지턱

불안할 때 나 자신과 함께하는 시간을 가져보세요.

목욕을 해도 좋고 잠시 눈을 감고 명상을 해도 좋아요.

책을 보며 자신의 마음을 돌아봐도 좋고요.

오직 자신을 돌보는 데 약간의 시간을 쓰는 것만으로도

충분해요.

- 이서윤·홍주연, 「더 해빙」

잠이 오지 않았다. 머리만 대면 잠들었던 '나'인데...
뜬눈으로 밤을 새우면서 '왜 이렇게 화가 나는가?'에
대해 생각했다. 어떤 일에 시장과 같은 의견을 표명했
다가 지역 일간지 1면을 안 좋은 내용으로 장식했다.

그땐 아무렇지도 않았다. 며칠 후 이번엔 다른 기자가 나를 지칭해 '손바닥으로 하늘을 가리는 사람, 시장의 아바타, 반성할 줄 모르는 사람'이라고 페이스북에 올렸다. 잠을 잘 수 없었다. 왜 그랬을까? 이번에는 마음을 다쳤다. 상처를 받았기 때문이다.

마음은 왜 다치는가? 사람이기 때문이다. 사람에게 중요한 것은 '관계'이다. 지역 신문 기자에게는 별다른 기대와 관계가 없기 때문에 아무렇지도 않았지만, 페이스북에 글을 올린 기자에게는 어떤 기대가 있었다. 그 글을 올린 기자도 내게 뭔가 기대가 있었는데, 그게 채워지지 않으니 더 화가 나서 그렇게 썼을 것이다.

이 일로 나는 그동안의 나를 돌아보게 되었다. 나와 비슷한 활동을 했다는 몇 가지 정보로 인해 친숙함을 느끼고, 그 사람도 나를 믿어줄 거라는 섣부른 기대를 했던 내가 보였다.

대부분의 사람들은 자신이 객관적이라고 생각한다.

그리고 자신을 다른 사람도 객관적으로 보고 있다고 느낀다. 나도 마찬가지이다. 날마다 변하는 나의 모습을 내가 다 안다는 것은 사실 말도 안 되는 이야기인데, 정작 나는 나를 가장 잘 안다고 착각한다.

마음을 다쳤을 때 가장 먼저 필요한 것은 '알아차림'이다. 무엇 때문에 내 마음이 상했는지, 나의 감정은 화가 난 건지, 슬픈 건지, 서운한 건지 내가 나를 알아줘야 한다.

감정과 이유를 안 이후에는 내가 할 수 있는 것과 할 수 없는 것을 나눠야 한다. 내가 할 수 없는 것에 화를 낸다고 달라지는 것은 아무것도 없다. 내 마음만 아플 뿐이다. 정리가 안 되면 글로 써 보는 것도 좋은 방법이다.

대부분의 경우 내가 할 수 있는 일이란 내 마음을 다스리는 것이다. 만병의 근원은 스트레스다. 나도 모르는 내 마음의 상태를 몸이 먼저 알아차리고 반응한다. 소화가 안 되면서 잠도 안 오고, 탈모가 생긴다. 나는 그제야 내 마음을 알아차리고 스스로 위로한다.

가급적이면 날마다 규칙적으로 위로와 성찰의 시간을 갖는 것이 좋은데, 그게 바로 '명상'이다. 지난 2500년 동안 인류가 연구한 끝에 만들어 낸 효과적인 방법이 좌선(坐禪)이고, 이를 현대적으로 적용한 것이 마음챙김 명상이다. 이 마음챙김의 가장 기본은 몸 안팎의 감각이나 호흡에 집중하는 것이다.[15]

실제로 명상을 하면 뇌세포를 변화시켜 회백질의 양이 늘어나고 밀도도 높아진다고 한다. 미국 캘리포니아대학 앨런 루더 박사는 명상이 뇌의 물리적 구조를 근본적으로 바꿀 수 있는 강력한 정신 운동이라고 강조했다.[16]

물론 바쁜 일상에서 짧게나마 명상을 규칙적으로 해나가기란 쉬운 일이 아니다. 특히 나처럼 급한 성격을 가진 사람에게는 더욱 어려운 일이다. 그래서 나는 한

---

[15] 정희원, 『당신도 느리게 나이들 수 있습니다』, 더 퀘스트, p130
[16] 박경숙, 『어른이라는 혼란』, 와이즈베리, p117

동안 명상을 하려고 아침 출근 후에 명상의 좋은 점이 쓰여 있는 구절을 읽었다. 그러면 저절로 3~5분 정도는 명상을 할 수 있었다. 명상은 호흡과 함께하는 것이기 때문에 긴 호흡이 주는 효과도 함께 누릴 수 있다.

명상과 함께 마음의 근육인 회복탄력성을 높이는 것은 감사하기와 운동이다.

감사하는 마음은 긍정성 향상을 위한 마음의 훈련이고, 운동은 우울증, 불안 장애, 치매 등을 불러일으키는 병든 뇌를 치료할 수 있는 특효약이다.[17]

물론 감사와 운동도 쉽지는 않다. 하지만 여전히 유용한 마음 치료 방법이다. 감사 일기 쓰기는 지금도 많은 사람들에게 사랑받는 습관이다. 하루에 몇 줄 감사 일기를 쓰고 한 달, 일 년 후에 읽어보면 '내게 이렇게 감사할 일이 많은가?' 하고 놀라게 된다. 운동도 처음이

---

17) 김주환, 「회복탄력성」, 위즈덤하우스, p249, p251

어렵지, 하다 보면 효용성을 저절로 느끼게 된다.

한때 『미움받을 용기』라는 책이 베스트셀러가 된 적이 있었다. 대부분의 사람들은 (특히 한국 사람들은) 미움받는 것을 견디지 못한다. 모든 사람과 잘 지내고 싶어 하고, 모든 사람에게 칭찬받고 싶어 한다. 저출생 시대에 태어나 온실 속의 화초처럼 자란 요즘 젊은 세대들은 더욱 그렇다. 그래서 아주 작은 관계의 무너짐이나 말 한마디에도 상처를 쉽게 받는다. 명상과 감사와 운동은 무너지기 쉬운 나를 돌아보게 한다.

몸이 아픈 것은 몸이 나에게 '네 마음을 들여다보라'는 '신호'이자 '과속방지턱'이다. 내 마음 안에 묶인 매듭을 풀지 않는다면 백약이 무효일 것이다. 아무리 맞는 방향으로 간다고 해도 주위를 살피고 안전하게 가라는 '과속방지턱'을 무시해서는 안 된다. 마음공부는 과속방지턱을 보게 하고 속도를 줄이며 나와 주위를 돌아보게 한다.

불면의 밤을 보낸 후 나는 사람들을 더 편안하게 바라

볼 수 있었다. '누구에게든지 기대하지 말자. 나 역시 그럴 수 있다. 나도 말로 상처 준 적이 있지 않을까?' 하는 생각이 들었다. 그리고 몇 년 후 평생학습관 행사장에서 편안하게 다시 그 기자와 인사할 수 있었다. 내 마음의 매듭이 풀리지 않았다면 시간이 지났어도 나는 화난 얼굴로 그 사람을 보았을 것이다.

내 마음이 다쳤을 때 마음을 안아주고 회복시켜 주는 것은 결국 나의 몫이다. 마음공부는 나의 내면을 탐구하고 이해하는 과정으로, 내가 내 마음을 안아주었을 때 마음의 평화와 내면의 성장이 찾아온다.

06

무식해서 용감한 이야기

아, 나는 생각했다.

내 일생이 엄마의 비옷 아래 있었구나.

왜 그런지 모르지만 내가 결코 비에 젖지 않은 것이

경이로운 일이라 여기면서.

– 에이다 리몽의 시 〈비옷〉, 류시화의 『마음챙김의 시』에서

내가 무식해서 용감한 적이 몇 번 있다. 고등학교 때 오빠를 따라 털털거리는 자전거를 타고 전주에서 곰소까지 간 것이 첫 번째이고, 어느 날 갑자기 시의원에 출마해서 8년간 시의원으로 활동한 것이 두 번째이고, 아버지의 포토에세이를 쓰겠다고 시작한 것이

세 번째 일이다.

어떤 일의 무게를 알고 시작한다면 쉽게 시작하기 어렵다.

자전거를 타고 전주에서 곰소까지 갔을 때는 피부과 의사 선생님도 깜짝 놀랄만한 햇빛 화상을 입었고, 시의원 출마는 예상치 못한 경제적 손실을 남겼고, 아버지의 포토에세이는 묻어버렸을 아픈 상처를 끄집어내는 일이었다.

10여 차례 아버지와의 인터뷰는 녹록지 않았고, 나역시 몰라도 될 상처에 마음이 아팠다. 하지만 사진을 통해 아버지의 과거를 여행하며 처음부터 아버지로 태어난 줄만 알았던 목회자이자 장남이며, 남편이자 형이고 오빠였던 한 사람의 일생을 바라볼 수 있었다. 더불어 나의 많은 부분이 아버지로부터 왔음을 새삼 느끼게 되는 시간이었다.

사건은 모두의 기억 속에 다르게 각색된다. 아버지가 첫 번째 암 수술 때문에 입원하셨을 때 병실에서 우연히 작은고모와 고모의 친구분들을 만나 이야기를 나눴다. 그날 나는 '일곱 살의 나'를 만났다.

고모는 나와 아홉 살 차이로 한집에서 자랐다. 할아버지가 일찍 돌아가시자 장남이었던 아버지는 결혼과 동시에 동생들을 돌봐야 했다.

고모는 내 초등학교 때의 일화를 친구분들에게 이야기해 주었다. 학교에 잘 가던 내가 어느 날 갑자기 "아빠, 아무리 걸어가도 바람이 불어서 걸을 수가 없어, 바람에 날아가 버릴 것 같아!" 하면서 그 자리에 앉아버리는 바람에 아버지가 나를 학교까지 데려다주곤 하셨다는 것이다. 내 기억은 3km나 되는 등굣길을 남자친구와 손잡고 걸어 다녔던 것에 멈춰 있는데. 그때 고모는 속으로 '흥, 충분히 걸을 수 있는데. 바람에 안 날아가는데.'라고 생각했단다. 내가 일곱 살이니 고모는 열여섯 사춘기 소녀였을 터, 어렵고 엄한 오빠 밑에서 자라면서 오빠가 예뻐하는 딸인 나를 질투 어린 시선으로 봤을 것이다.

다음 날 나는 아버지 병문안을 가서 여쭤보았다.

"정말 저를 학교까지 매번 데려다주셨어요?"

아버지는 웃으시면서 여러 번 데려다주었다며 그때를 회상하셨다. 진짜 남자친구와 손잡고 걸었던 기억만 있는 나, 오빠가 학교까지 데려다주는 나를 시샘 어린 눈으로 바라본 고모, 반에서 가장 작은 내가 걸어 다니는 것이 애처롭게 느껴졌다는 아버지. 일곱 살의 나는 각기 다른 기억으로 남아 있었다.

나쁜 기억도 다르게 남아 있다. 아버지 포토에세이를 쓰면서 서로 다른 기억을 맞추기 위해 아버지뿐만 아니라 다른 가족들과도 이야기를 많이 나눴다.

오빠는 어린 시절, 볏짚에 불을 냈을 때 아버지가 집에서 내쫓았던 기억을 끄집어냈다. 그때 왜 그러셨는지 물어나 보라는 것이다. 오빠에게는 생생한 추운 겨울, 옷도 제대로 못 입고 쫓겨난 기억, 불행히도 아버지에게는 그 기억이 없었다.

"그랬냐? 가해자가 기억이 있겠냐? 피해자만 기억하

지!"

아버지의 대답을 전했더니 오빠도 그냥 웃을 뿐이다. 쥐꼬리만 한 급여로 동생들과 세 아이를 뒷바라지한 작은 시골교회 목사였던 아버지는 장난꾸러기 큰아들의 방화에 얼마나 당황하셨을까. 날씨가 추워서 볏짚에 불을 피운 오빠는 갑작스러운 내쫓김에 얼마나 억울했을까. 그 마음만 짐작해 볼 뿐이다.

기억의 조각을 맞추며 우리는 울고 웃었다. 책을 쓰는 과정에서 같이 찍은 사진이 없다는 이유로 코로나 상황이었지만 아버지의 4남매가 모여서 사진을 찍고 이야기를 나누었다. 서로 고생한 이야기에 울고, 서운한 일을 이야기하며 섭섭해했지만, 지금은 웃을 수 있는 옛 추억에 깔깔거렸다.

아버지는 마흔네 살에 간염이 생겼고, 예순한 살에 간경화로 진행되었으며, 일흔여덟에 간암까지 얻었지만, 아직 병과 함께 살아가고 계시다.

2020년 아버지 생신을 기념해 발행한 아버지의 책과 가족들

처음에는 할 말이 없으니 쓰지 말라 하시던 아버지는 이 책으로 세상에 자신의 흔적을 남긴 것 같고, 덕분에 자신도 삶을 정리할 수 있었다며 고마워하셨다.

책을 전해드리고 나오는 순간, '아버지, 그 이름은 사랑이었네!' 하는 생각이 나를 따라 나왔다.

07

이불보다 따스한 어머니의 온기

아무것도 우리를 죽음에서 구하지 못한다면

적어도 사랑은 우리를 삶에서 구하기를...

– 파블로 네루다, 「네루다의 우편배달부」에서 안토니오 스카르메타가 인용

며칠 전 점심 무렵 한 선배의 큰 딸 결혼식이 있었다. 결혼식이라기보다는 피로연이었다. 결혼식은 서울에서 열리는데, 참석하지 못하는 사람들을 대상으로 신랑, 신부가 인사도 하면서 식사를 대접하는 행사였다. 친구랑 만나서 선배에게 인사하고 같이 점심을 먹었다. 밥을 먹고 있는데, 갑자기 전화가 걸려 왔다. 어머님이었다. 어머님은 집에 들어가기 전에 이불을 사 놓

앞으니 들러서 가지고 가라고 하신다. 웬 이불? 갑자기 머리를 스치는 생각이 있어서 웃음이 나왔다. 어머님은 이불 두 채를 사놓았으니 두 아이에게 하나씩 덮어주라고 하셨다.

열흘 전 추석날 아침, 여느 명절날처럼 온 가족이 아침을 먹고, 이런저런 이야기를 나누다 자연스럽게 거실에서는 시숙님, 형님, 조카, 어머님이 TV를 보며 이야기를 나누고, 우리 식구는 어머님 방에서 TV를 보게 되었다.

처음에는 남편 혼자 어머님 방에 들어가 있었는데, 요즘에는 딸이랑 아들 그리고 나까지 같이 들어가 누워서 잠도 자고, TV도 보는 버릇없는 풍경을 연출시키곤 했다.

어머님 방은 전기장판도 따뜻하게 켜놓고, 이불도 덮어놓아서 잠을 자고 TV를 보기에 딱 좋다. 셋이 먼저 누운 자리에 설거지를 마친 나도 가서 동참했는데, 그때 아들이 "이 이불 좋네. 가볍고 부드럽고." 하기에

"넌 젊은 애가 뭔 가벼운 이불을 좋아하냐."라고 말하며 웃었다. 지금 아들이 덮는 이불도 가볍고 부드러워 몹시 애정하고 있기 때문이다. 그러고는 점심때가 되자 어머님과 형님네 식구들에게 "저희는 친정에 가서 점심 먹겠습니다." 하고 인사를 하는데, 아들이 "할머니, 이불이 부드러워 좋네요."라고 말해서 다 같이 웃었다. 그런데 어머님은 그 말을 그냥 지나치지 않으신 것이었다.

점심을 먹고 어머님 댁에 들렀더니, 어머님이 덮는 이불과 똑같은 디자인과 크기의 이불이 분홍색, 파랑색 두 채가 포장되어 있고, 그 옆에 상추, 청양고추, 호박 등 채소들이 현관에서 나를 맞이한다. 어머님은 차는 어디에 뒀는지 물으시곤 이불을 세제는 조금만 넣고 세탁기에 돌려 빤은 후 쓰라고 일러주셨다. 1층 베란다에 나와서 내 차를 바라보시는 어머님께 차창을 열고 인사를 드렸더니 손을 흔들면서 내가 가는 것을 끝까지 지켜보셨다.

집으로 돌아와서 딸과 아들에게 이불을 전해 주었다. 아들은 할머니가 사주신 이불이 아직은 더워서 쓸 수 없다고 사양한다. 그래서 당분간 우리 부부가 먼저 쓰다가 더 추워지면 아들 이불과 바꿔주기로 했다. 이불을 덮고 누워보니 이불보다 더 따뜻한 어머님의 온기가 나를 감싸준다.

　어른의 평생공부 습관

CHAPTER

03

제 3 장

공부의 기쁨

내 나이가 어때서?

고행이 공부가 되기도 하고,

방황과 고뇌가 성찰과 각성이 되기도 합니다.

공부 아닌 것이 없고 공부하지 않는 생명은 없습니다.

달팽이도 공부합니다.

공부는 모든 살아 있는 생명의 존재 형식입니다.

생명의 존재형식은 부단한 변화입니다.

– 신영복, 『처음처럼』

꽃을 보면

꽃을 보면 마음이 좋아요.

언제나 꽃을 보면 즐거워요.

꽃을 보면 내 마음도 향기로워져요.

꽃이 피고 지는 모습도 신기해요.

방긋방긋

벙긋벙긋

꽃이 피면

내 마음도 꽃같이 피어요.

윗글은 전주시 평생학습관에서 펴낸 성인문해교육 자료집 〈인생톡톡 어르신 위대한 스토리텔러〉에 수록된 강00 어르신의 글이다. 이 자료집에는 15개 기관에서 한글을 배우신 어르신들의 글이 수록되어 있는데, 눈물 없이는 읽을 수 없다. 감동과 웃음이 가득 차있고, 무엇보다 어르신들의 인생이 들어있다.

새마을부녀회에 가서 봉사하는 등 다양한 활동을 활발하게 하면서도 글을 몰라서 글씨를 쓸 때마다 주변 사람들이 자기만 쳐다보는 것 같았다는 어르신은 봉사하다가 알게 된 노인복지관에 61세가 되어 등록해서 글을 배웠다는 이야기를 쓰셨다. 삐뚤삐뚤한 글씨 속에서 배움의 '행복'이 느껴진다.

재미있는 글 중의 하나가 서원노인복지관 박OO 어르신의 글인데, 제목이 "바락공부 내 나이가 어때서"이다. 가난한 집 자식으로 태어나 남동생에게 공부를 양보해야 했고, 서러워서 가출도 생각했지만, 지금은 복지관에 다니면서 한글 공부에 열을 올린다는 것이다. 늙은 친구들이 이제 배워서 어디에 써먹을 것이냐고 하지만, 죽는 날까지 공부하겠다며 공부하기 딱 좋은 나이라고 "딱"자를 어찌나 크게 강조해서 쓰셨던지 글자에 마음이 묻어나왔다.

글을 읽으면서 성인문해교육은 '시인을 만드는 교육'이라는 생각이 들었다. 단순히 글자를 가르치는 교육이 아니라 세상을 읽게 만드는 교육인 것이다.

"문해(文解)"란 "문자해득(文字解得)"으로 정의되며, '글자를 읽고 쓸 수 있는 일'을 가리키지만, 진정한 의미는 단순히 그 능력만을 뜻하는 것은 아니다.

이○○ 어르신(77세)은 글자를 배우고 나서 노인 일자리 사업에 참여하였다. 그동안 출석부에 이름 쓰는 것이 무서워서 노인 일자리 사업에 참여하지 못했는데, 글을 익힌 후에는 노인 일자리 사업에 참여하게 된 것이다. 나아가 처음엔 단순 일자리에서 일하다가 나중에는 어린이집 아이를 돌봐주는 돌보미로 활동하게 되었다. 그야말로 인생이 달라진 것이다.

전주시 평생학습관에서 성인문해교육을 담당하는 최윤옥 강사(시인, 성인문해교육사)는 얼마 전 인천에서 배달된 편지 한 통을 받았다.

한글을 배우고 있는 최○○ 어르신의 큰 딸이 보낸 그 편지엔 늦깎이 공부를 시작한 어머니를 향한 애틋한 심정과 글을 배우면서 변화되어 가는 어머니에 대한 기쁨을 담고 있었다. 이제는 어머니가 손주들에게 스마트폰으로 문자도 보내고, 사진도 전송하며 행복해하신다고 하면서 편지로나마 감사의 마음을 전하고 싶다고 했다.

20여 년 동안 어르신들에게 문해교육을 해온 최윤옥 강사는 어르신들과 함께 변화를 체험하며 보람과 긍지를 느낀다고 한다. 자녀들을 의사, 박사, 교수로 키워내고도 정작 자신은 글을 모른다는 이유만으로 처음 글을 배우러 오실 때는 조심스럽고 위축되어 있던 어르신들이 글을 배우는 동안 "나 공부하러 다녀!"라고 당당히 말씀하시면서 자존감을 회복한다는 것이다.

어르신들은 집안에, 내 안에 갇혀있던 울타리를 벗어나 공부를 통해 그렇게 세상 밖으로 나오게 된다.

또한 그녀는 문해교육은 메마른 한 알의 씨앗이 싹을 틔우고 줄기를 세우며 봉오리를 맺어가는 과정과 같다고 말한다. 그처럼 굳어진 손과 약한 시력, 부실한 허리와 무릎을 가지고도 학습의 열매를 위해 정진하며 성장하는 어르신들의 모습에 오히려 자신이 더 배우는 것이 많다고 했다.

한 어르신은 큰딸이어서 동생들 뒷바라지 때문에 학

교를 못 다녔는데, 이제 한글을 배운다고 하니 동생들이 학용품을 사주며 격려했다고 한다.

이00 어르신은 자식들이 학교 숙제가 어려워 가르쳐 달라고 했을 때 글을 몰라서 바쁘다고 핑계 대며 못 가르쳐줘서 아쉬움이 많았는데, 다시 손자들을 돌보게 되었다고 한다. 그렇게 글에 대한 갈증이 더욱 생겼고, 마침 옆집 언니의 소개로 전주시 평생학습관 문해교실을 알게 되어 2시간만 남편에게 손주들을 부탁하고 글을 배우고 있다. 이젠 자신 있게 이름과 주소와 주민번호를 쓰는 게 너무 행복하다고 말하면서 기회만 되면 중학교에 진학하고 싶다고 한다.

이외에도 하루도 결석하지 않는 김00 어르신 (87세), 날마다 일기를 써서 검사를 맡는 김00 어르신 (76세), 자녀들을 모두 유학까지 보낸 다음 공부를 하니 숙제도 즐겁다는 이00 어르신(70세) 등 모두 학구열이 대단하다. 나중에 자서전을 쓰고 싶다는 분도 있다.

현재 전주시에는 22개 기관과 6개의 전담기관이 성인

문해교육을 실시하고 있고, 올해부터는 디지털 성인문해교육도 지원하고 있다. 우리는 우리 주변에 글을 모르는 사람이 거의 없을 것이라고 생각하지만, 전주에도 20세 이상 인구의 8.8% 정도는 비문해인이다.

앞서 언급했듯, 글을 배운다는 것은 단순히 문자를 해석하는 것에 그치는 것이 아니다. 나의 삶이 바뀌는 것은 물론, 지역사회에서 문서화된 정보를 이해하고 활용할 수 있게 된다는 것이다. 이는 곧 민주주의의 유지와 발전, 지방자치의 가장 기초적인 역량이라고 할 수 있다.

때문에 전주시는 성인문해교육 조례를 제정해 문해교육을 체계적으로 추진하기 위한 발판을 마련하고 예산을 확보해 체계적인 문해교육을 실시하고 있다. 문해교육사를 양성하고 재교육해, 인문학과 문해교육을 결합하여 다양한 인문 체험 프로그램도 진행하고 있다. 그러나 여전히 부족한 점이 많다.

이에 대해 36년 동안 문해교육에 앞장서 온 전주주부

진지하게 공부하시는 문해교육 어르신들

평생학교 박영수 교장은 다음과 같이 말한다.

"제도권 교육에서 소외돼 배움에 한이 맺힌 사람들에게 자기계발의 길을 열어줬다는 점에서 보람을 느낀다. 그러나 갈수록 후원자가 줄고 정부와 자치단체의 관심이 멀어지는 것이 걱정이다. 더 나은 교육환경을 조성해 학생들이 배움의 길에 정진할 수 있는 토대를 만들고 싶다."

문해교육은 인간이 자유를 찾아가는 지적 모험이다. 지금도 여전히 가난과 불평등 때문에 소외된 사람들이 있다. 정부와 지자체는 이들과 함께 지적모험을 할 수 있는 기회를 계속 제공해야 한다.

스스로 돕는 자를 돕는 커뮤니티

혼자서 해야만 하는 것과 혼자서는 할 수 없는 것,

이 두 가지가 조화를 이룰 때

비로소 우리의 삶은 만족스러울 것이다.

– 노명우, 『혼자 사는 것에 대하여』

저녁 5시, 50대 후반의 어르신이 김이 모락모락 나는 두부를 가지고 전주시 평생학습관 사무실에 들어왔다. 작년에 독서동아리 인큐베이팅 사업을 통해 독서동아리를 만나고 지금까지 참여하고 있는 분이었다. 나름대로 1주년을 맞아 본인이 직접 만든 두부를 전 직원들에게 선물하고 싶다고 애써 발걸음을 한 것이다.

오십 년이 넘는 동안 책을 읽으며 다른 사람들에게 자신의 생각을 말해 본 것이 처음이었고, 인생이 즐거워졌다고 말하는데, 왠지 모를 감동이 밀려왔다.

전주시 평생학습관 주위에는 이런 사례들이 많다.

한 평범한 주부가 있었다. 큰아이가 3살 때 아이에게 그림책을 읽어주다가 모리스 샌닥의 『괴물들이 사는 나라』의 일러스트를 보고 그림책에 매력을 느꼈다. 내용보다 그림에 꽂힌 그녀는 도립미술관에서 정승각 작가의 〈까막나라에서 온 삽사리〉 원화 전시를 보고 '이렇게 질 좋은 그림책을 함께 볼 사람이 있으면 참 좋겠다.' 는 생각을 했단다. 5년의 시간이 흐른 후 그녀는 독서동아리에 가입했다. 그곳에서 전주독서동아리연합회와 전주시 평생학습관에서 진행하는 "독서동아리 진행자 워크숍" 과정을 알게 되었다. 진행자 과정을 마친 후 평생학습관에서 지원하는 "독서동아리 인큐베이팅사업"에 그림책 동아리를 지원했다. 그렇게 시작한 동아리가 현재 20여 명의 회원이

활동하는 〈내 마음의 그림책〉이다. 그 평범한 주부는 현재 〈내 마음의 그림책〉을 이끌고 있는 전선영 대표이고, 지금은 그림책 강사, 전주 도서관여행 해설사, 그림책 도슨트로 활발한 활동을 전개하고 있다.

혼자 읽으면 독서(獨書), 함께 읽으면 공독(共讀)이다. 왜 사람들은 혼자 읽기의 즐거움에서 함께 읽기의 즐거움에 빠졌을까.

독서동아리 길잡이 양성과정을 담당했던 실무자는 본인이 대학 시절 조정래 작가의 『아리랑』을 읽었던 추억에 대해 이야기한다. 전라도 사투리가 맛깔나게 표현되어 감탄사를 절로 나게 하던 『아리랑』은 전체가 간행되지 않아 한 권, 한 권 기다리며 구입해 읽었다고 한다. 책을 먼저 읽은 사람이 다른 사람에게 넘기면서 열 명이 돌려가며 읽었는데, 새 책이 나오기까지 기다리는 시간이 마치 애인을 기다리는 시간처럼 느껴졌고, 책을 읽은 사람들은 밥을 같이 먹으며 둘러앉아 그 책에 대한 이야기꽃을 피웠다고 한다. 혼자 읽었을 땐 느낄 수 없는 즐거움과 배움이 있었던 것이다.

요즘 들어 "함께 읽기"가 세상의 관심을 끌고 있다. 독서동아리는 책을 함께 읽고 내용에 대해 이야기를 나누는 모임이다. 함께 읽는다면 주관적 해석에 빠지지 않고 다양한 관점을 견지할 수 있다. 그중에서도 그림책 동아리가 인기다.

전주시 평생학습관은 시민들이 책 읽는 즐거움을 함께 나누며 나아가 책 읽는 사회를 만들기 위해 독서동아리를 지원 및 육성했다.

지금 시립도서관에서 양성하고 있는 독서동아리는 독서와 동아리가 결합된 커뮤니티이다. 독서는 함께 읽는 행위를 말하고, 동아리는 공통의 학습을 하려는 사람들이 모인 공동체나 모임을 의미한다. 독서동아리는 책을 읽는 것과 동아리를 운영하는 것이 똑같이 중요하다.

삶에 무기력했던 주부, 앞으로 어떻게 살아야 할지 막

막혔던 청년, 인생 후반기에 무엇을 하며 살아야 할지 답답했던 노년, 자식을 키워 놓고 허무해하던 장년이 독서동아리를 만나 삶에 재미를 맛보고 새로운 인생을 사는 사례를 만나곤 한다. 이렇듯 삶이 무료하고 재미없다면 독서동아리를 만나야 한다. 동아리에서 책을 읽고, 이야기를 나누고, 친구를 만날 수 있다. 동아리를 만나면 삶에 변화를 줄 수 있다.

학습 공동체가 동호회, 취향 공동체로 달라지고 있다. 혼자 공부하는 것은 스스로를 돕는 것이지만, 함께하는 순간 서로를 도울 수 있다.

다양한 독서동아리, 인문학 동아리를 만나는 것은 평생학습의 즐거움이다. 이별을 두려워하지 말고 우리는 수없이 많은 만남을 시도해야 한다.

내일이 더 기대되는 오십

과오를 바탕으로 거듭나는 것이 공부다.

오늘이 다르고 내일이 다른 것이 공부다.

– 정민, 「다산어록청상」

새해가 되자 원치 않던 택배가 배달됐다.

'나이 한 살.'

나는 '오십'이 되었고, 집에서는 '반백 살'이라는 애칭이, 직장에서는 '오십 대'라는 별명이 생겼다. 덕분에 잊고 있던 나이에 대한 자각이 생겼다.

12월 31일에서 하루가 더 지났다고 갑자기 하늘의 뜻을 알게 된다는 '지천명(知天命)'에 이르는 것은 아닐

터다. 백 세 인생의 분기점에서 지금까지 살아온 삶과 앞으로 살아갈 삶이 어떻게 달라져야 할지 생각해 보았다.

가장 빠른 길은 주위에서 본받을 만한 모델을 찾는 것이다.

A 선생님은 올해 61세다. 몇 년 전부터 "일신우일신(日新又日新: 날마다 새롭고 또 새로워야 한다.)"을 삶의 지표로 삼아 지금까지의 삶과 결별하고 다른 삶을 살고 있다. 지금까지 가족의 식사를 담당한 아내를 대신해 이제부터는 본인이 담당하겠노라 하며 요리에 도전했다. 그리고 요리를 하는 자신을 독려하기 위해 본인의 이름으로 밴드를 개설하여 요리하는 과정과 결과물을 올렸다. 밴드엔 자신이 만든 요리를 평가해 줄 사람을 초청했다. 2023년엔 옷장 정리와 물건 정리를 시도했다. 꼭 필요한 물건을 빼고는 모두 버렸다. 앞으로 사용할 물건만 남기겠다는 것이다.

B 선생님은 규율이 센 조직에서 근무하다가 6년 전에

정년퇴직을 하였다. 예전엔 직장과 집에서 후배, 친지들에게 "책을 읽어라, 클래식을 들어라."라는 잔소리를 많이 했다고 한다. 하지만 그러한 충.조.평.판(충고, 조언, 평가, 판단)이 후배들을 변화시키기 어렵다는 것을 깨닫고 지금은 주로 이야기를 듣고 공감하거나 독려해 준다고 한다. 물론 후배나 친지들과의 관계는 예전보다 훨씬 돈독해졌다. 그래서인지 퇴직 후 B 선생님의 얼굴이 부드러워지고 편안해졌다.

C 선생님은 퇴임식부터 달랐다. 본인이 소장하고 있는 그림, 네잎 클로버 액자 등을 전시, 판매해 모두 기부하였다. 일주일에 하루는 소년원에 가서 재능기부 강의를 한다. 입사 제의가 왔을 때도 소년원 재능기부를 계속한다는 조건으로 평생 교육 분야에 취업하였다. 맡은 직무를 열심히 하면서도 자신이 받는 급여는 덤으로 생각하며 시민단체나 독서동아리에 나눔을 이어가고 있다.

A 선생님께 물었다. 선생님의 변화를 부인은 어떻게

받아들이고 있는지. 부인은 이렇게 말했다고 한다.

"내일이 더 기대돼요."

이보다 더한 찬사가 또 어디 있을까.

B 선생님께 물었다. 충.조.평.판을 안 하게 된 계기가 무엇이었냐고. 그는 아내의 조언과 책 덕분이라고 하였다. 아내가 건넨 판단하지 말라는 이야기를 듣고 생각하던 차에 같은 말을 책에서 읽으면서 태도를 바꿨다는 것이다.

C 선생님께 물었다. 어떻게 퇴임식을 통해 나눔을 생각하였으며, 4년간 이어온 자원봉사가 힘들지는 않은지. C 선생님은 건강하게 교직 생활을 마무리할 수 있던 것이 너무 감사해 나눔을 생각했고, 지금 자원봉사를 하는 것도 그 속에서 오히려 배우는 것이 많다고 하였다.

내가 이십 대였을 때 많이 부른 노래 중에 〈나이 서른에 우린〉이라는 노래가 있었다. 서른이 되면 혹시 젊은 날의 높은 뜻이 부끄럽지 않을지 염려하는 노래였다. 나이 오십에 우린 무엇을 부끄러워해야 할까.

나이가 들수록 할 수 있는 일은 많지 않다. 그래서 내가 할 수 있는 에너지의 범위 안에서 단순하게 계획을 세워야 한다.

살아왔던 오십이 지나고 이젠 새로운 오십이 시작되었다. 나의 새로운 오십은 A, B, C 선생님처럼 '변화', '경청', '나눔'을 지향하는 삶이었으면 한다. 젊은 날의 높은 뜻까지는 아니어도 최소한의 상식에 부끄러움을 잃지 않아야겠다.

나도 강사다

내가 생각하는 변화의 재정의는

'간절히 원하는 걸 이루기 위해, 엄청난 고통을 감내하고,

새로운 습관을 만들어 내는 것'이다.

– 한근태, 『고수와의 대화, 생산성을 말하다』

웃음치료사 자격증을 땄지만, 왠지 자신이 없어 지인들이 있는 단체에만 재능기부 형태로 '웃음치료' 강의를 했다. 뭔가 새로운 배움이 필요하다고 느꼈을 때 지인의 소개로 전주시 평생학습관의 강사학교에 등록하고 7회에 걸쳐 강의 스킬과 강의 기획, 발성법 등을 배우게 되었다. 그리고 후속 프로그램으로 이어진

강의능력 향상평가에 참여했다. 참가자가 5분씩 강의를 시연하고 전문가로부터 조언을 받는 이 프로그램에서 정말 많은 지적을 받았다.

"말이 빠르다." "추상적 단어를 많이 쓴다." "강의 내용이 일관성이 없다." 등등.

집에 돌아와서 소리 내어 엉엉 울었다. 한참 울고 나서 생각해 보니 다 맞는 말이었다. 지적받은 내용을 고치려고 노력하면서 강의 내용을 다듬었다. 강사와 강사가 필요한 기관을 이어주는 학습 필요계층 지원 사업에 응모하여 처음으로 유료 수업을 진행했다. 전주시 평생학습관에서 첫 강의료 3만 5,000원이 입금되어 통장에 찍히던 날, 3,500만 원을 받은 것 같은 기쁨을 맛봤다. 나도 진짜 '강사'가 된 것 같은 기분이었다.

지금은 전주 여성의전화와 군산 가정법률상담소, 중증 장애인 시설을 비롯한 20여 개의 초·중·고교에서 웃음치료 강사와 인권교육 강사로 활약하시는 강○○

강사의 이야기다. 이후 강OO 강사는 한 해도 빠짐없이 매년 강사학교에 참여하며 자원봉사를 하고 있다. 강사학교에 참여한 후에 자신을 돌아보게 된 것이 가장 큰 변화라고 하며 그 기쁨을 나누고 싶다고 한다.

지금은 프로슈머(prosumer)가 관심을 받고 있다. 프로슈머는 생산자(producer)와 소비자(consumer)의 합성으로 '생산하는 소비자'를 뜻한다. 즉, 학습자가 단순히 학습자로 그치는 것이 아니라 생산자로서의 성장이 필요한 시점이라는 것이다.

누구나 가르치고, 누구나 배울 수 있다. 그렇다면 한 도시의 강사의 질은 어떻게 높일 수 있는가? 바로 그 고민에서 강사학교는 시작되었다. 전주시에서 활동하는 강사들이 '전주'에 대해 제대로 알고 가르친다면 도시의 품격은 저절로 올라갈 것이다. 어느 분야나 강사가 될 수 있지만, 지속적인 교육이 제공되지 않는다면 강사 개인의 노력 외에 공통의 질을 높이기는 매우 어려울 것이다.

전주시 평생학습관은 2007년부터 현재까지 매년 강사학교를 개설해 1,000여 명의 수료생을 배출했다. 전주시에서 활동하는 다양한 분야의 강사들은 강사학교를 통해 필요한 스킬을 배우고 활용한다. 전체적인 트렌드의 경향과 스토리텔링 만들기, 콘텐츠 관련 강의를 듣고 내 분야에 적용해 본다. 필요하면 전문심화과정을 듣고, 평생학습관에서 제공하는 강사(키오스크 등)에 지원하여 활동하기도 한다.

김00 씨는 대학에서 컴퓨터공학을 전공하고 직장을 다녔지만, 적성에 맞지 않아 퇴사했다. 전공을 살리고 싶었지만, 경험이 없어 전주시 평생학습관에서 연 강사학교를 수강했다. 지금은 전주시 평생학습관뿐만 아니라 노인복지관, 홈플러스에서도 강의하는 인기 강사가 되었다.

같은 생활디지털 강사로 일하고 있는 또 다른 김00 씨는 퇴직 공무원이다. 올해 74세의 나이지만 여전히

2023년 11월 13일, 전주시 평생학습관 강사학교 모습.
늘 100여 명의 강사가 참여해 새로움을 배운다.

강사로서 현역이다. 동년배들에게 스마트폰과 생활 어플을 가르치며 건강히 허락할 때까지 일할 수 있는 '강사'라는 직업에 자부심을 갖고 있다.

강사는 항상 새로움을 추구한다. 자신도 배우고 배운 것을 나누며 더 성장한다. 어제보다 나은 내일을 만드는 사람이다. 교육의 모든 분야가 더 잘게 세분화된다. 융합되기도 한다. 새로움을 추구하는 강사가 많아질수록 도시는 더 새로워진다. 서로 배우고 나누는 선순환 구조가 도시를 더 풍요롭게 할 것이다.

명강사의 공통점

서른 살 청년 이회영이 물었다.

"한 번의 젊은 나이를 어찌할 것인가?"

눈을 감는 순간 예순여섯 노인 이회영이 답했다.

예순여섯의 '일생'으로 답했다.

– 최태성, 『역사의 쓸모』

박웅현, 김영하, 송길영, 최재천, 최진석, 이진경, 정혜신, 나태주, 강원국, 정호승... 전주시 평생학습관에서 특강을 해준 분들이다.

평생학습관에 근무하면서 가장 좋은 점은 내가 좋아하는 프로그램을 기획할 수 있고, 참여할 수 있다는 것이다. 명사들의 강의도 많이 열리는데, 참여하는 것이 나의 일이기도 하니 일석이조(一石二鳥)다. 더불어 명사들과 함께 식사를 하거나 이야기를 나눌 수 있는 기회가 주어지기도 한다. 이런 기회를 통해 강사님들의 평상시 모습을 볼 수도 있었는데, 이분들은 몇 가지 공통점을 가지고 있었다.

그분들은 매사에 '관찰' 하는 습관이 있었다.

박웅현 선생님이 한벽문화관에서 강의를 할 때 함께 식사를 한 적이 있었다. 저녁을 먹다 말고 선생님이 갑자기 일어나서 핸드폰으로 사진을 찍기 시작했다. 마침 해가 질 무렵이라 시간차에 따라 사물의 모습이 달라지고, 각도에 따라 다른 모습이 연출되는 것을 놓치지 않고 신기해하며 사진을 찍은 것이다. 나는 그 모습이 신기했다.

『상상하지 말라』는 책을 통해 매 순간 질문을 멈추지 말고, 보이는 모든 것을 관찰하라는 메시지를 준 송길영 선생님은 함께 차를 타고 가다가 20년이 넘은 내

차의 스피커 장치에 대해 묻기도 하였다. 한옥마을에 한복 대여점이 많아질 무렵, 김영하 작가는 한옥마을에 한복을 입고 다니는 사람이 왜 많은지를 물은 적도 있다. 어쩌면 그냥 지나칠 수 있는 일상을 관찰하며 물음표를 던지는 것, 그것이 통찰의 시작인지도 모르겠다.

또 하나의 공통점은 겸손이 몸에 배어있다는 것이다. 그 분야의 최고 경지에 이른 사람들인데도 항상 겸손했고, 어떤 질문이든지 성의 있는 최선의 답변을 건넸다. 특히 강의보다 질문에 대한 답변에서 그분들이 갖고 있는 지성미가 드러났다.

최재천 교수님의 인문학 특강 첫 강의가 끝난 후 어떤 분이 10년 동안 주식으로 12억 원을 잃었는데 언젠가는 잘될 수도 있으니 계속해도 되느냐는 질문을 던진 적이 있다. 엉뚱하기도 하고, 강의와도 맞지 않는 내용일 수도 있었다. 하지만 최재천 교수님은 인간이 무한한 시간을 살면 그럴 수도 있겠지만, 그 생명이 어느 정도 정해져 있듯 행복의 총량 또한 정해져 있는 것인지도 모른다고 말했다. 그러면서 지금 충분히 행복하기 때문에 로또를 구입하지 않고 있다는 자신의 이야기를 덧붙이며, 행복의 우선순위를 생각해 보란 말도 덧붙여 주었다.

이처럼 때로는 개인적이고, 때론 진지하고, 때로는 황당한 질문들이 쏟아지지만, 명사들의 답변은 늘 기대 이상이었다.

야외에서 최진석 교수님을 모시고 인문학 특강을 했을 때 일이다. 특강을 2시간 정도 진행한 후 교수님은 30분 이상을 시민들과 일일이 사진을 찍고 싸인을 해주었다. 그리고 돌아가기 위해 택시를 잡으러 나가는데 7~8살 정도의 어린아이가 뛰어왔다. 애타게 교수님을 부른 아이는 부모님과 수요일 저녁에만 게임을 할 것을 약속했는데, 오늘이 토요일인데도 꼭 게임을 하고 싶다고 했다. 그러면서 교수님께 허락을 받아오면 부모님이 게임을 할 수 있게 해준다고 했다며 어떻게 하면 좋겠냐고 진지한 얼굴로 묻는 것이었다. 교수님은 아이의 어깨를 다정하게 감싸 안더니 게임을 얼마나 할 건지, 게임 후에는 무엇을 할 건지, 다음 주부터는 약속을 지킬 것인지, 진지하게 물은 후 허락을 해줬다. 기억에 남는 장면이었다.

더불어 명강사는 유머와 통찰력이 있어 2시간 이상 편안하게 이야기를 들을 수 있는 공통점이 있다.

본인의 분야뿐만 아니라 전체를 조망하는 이야기를 해주니 공감이 가고 유익했다. 명사들이 공통으로 강조하는 것은 '나를 돌아보는 것, 독서와 공동체의 필요성'이었다. 심지어 최진석 교수님은 "여러분이 지금은 내 이야기를 듣고 웃고 있지만 집에 가면 아무것도 남지 않을 것이다. 내 이야기는 똥이다. 자신의 생각, 말을 찾아야 한다."고 말하기도 하였다. 책을 읽는 이유도 내 길을 찾기 위해, 내 책을 쓰기 위해서라는 것이다.

좋은 분들의 강의를 들으며 명강사는 말로 자신의 전

2015년, 전주시 평생학습관 최진석 교수님의 강의 모습

문 분야의 내용을 전달하는 사람이 아니라 행동과 인품으로 보여주는 사람이라는 것을 깨달았다.

많은 사람들이 명강사를 꿈꾸는 요즘, 내용의 전문성이나 강의 스킬을 배우는 것도 중요하겠지만, 나의 자세와 태도를 갈고 닦는 성찰이 무엇보다 중요하다는 생각이 든다.

CHAPTER

04

제4장

공부의 흔적

맨날 잊어버리면서 왜 읽는가?

너희들이 독서하는 것이 내 목숨을 살려주는 것이다.

너희들은 이런 이치를 생각해보거라.

– 정약용, 『유배지에서 보낸 편지』

어느 날 방바닥에 굴러다니는 책이 발에 걸렸다.

'어! 이게 무슨 책이지?'

많이 본 듯한 책이다. 책을 펼쳐 봤다. 눈에 띈 줄 그은 흔적은 분명 내가 그은 것이다. 문제는 세월이 흐를수록 이런 경험이 잦아진다는 것이다.

그래서 나는 책을 읽으면 매일 가지고 다니는 다이어리 독서 목록에 책 이름과 저자와 출판사와 추천인을 적는다. 그리고 컴퓨터에 내가 밑줄 친 부분을 쓴다. 내가 읽는 책은 대부분 매주 토요일 아침에 나가는 독서동아리 '리더스클럽'에서 선정한 것이다. 토요일 독서토론 후에는 소감과 독서토론 내용을 정리해 블로그에 올린다. 좋은 책은 유튜브를 찍어 영상으로 업로드한다. 이렇게 해도 세월이 흐르면서 읽었는지, 안 읽었는지 기억이 흐려진다.

그냥 인정한다. 덮는 순간 사라지는 책의 기억...

기억도 못할 거면서 왜 책을 읽을까? '학습(學習)'에 책만 한 것이 없기 때문이다. 책에는 저자의 피, 땀, 눈물이 들어있다. 새로운 지식의 보고다. 책을 읽지 않으면 세상의 변화를 알 수가 없다. 인터넷만 봐도 된다고? 그렇지 않다.

현상이 아닌 본질을 보려면 책을 읽어야 한다. 트럼프가 당선됐을 때 전 세계가 경악했다. 대부분 트럼프의 당선을 예상하지 못했기 때문이다. 재미있는 것은 미국의 지식인들이 이 현상에 충격을 받아 연구하고 책을 쓰기 시작했다는 점이다.

마이클 샌델은 『공정하다는 착각』(원제: The Tyranny of Merit - 능력주의의 폭정)에서 능력주의가 승자에겐 오만을, 패자에겐 굴욕과 분노를 주는 방식으로 민주주의 공동체를 황폐하게 만들었다고 고발하고 있다. 이어 바로 이러한 능력주의가 기술관료주의와 결합하여 극우적 포퓰리즘과 인종주의를 낳았고, 이는 트럼프의 당선이나 브렉시트로 표면화되었다고 지적하고 있다.

마사 누스바움은 『타인에 대한 연민』(원제: The Monarchy of Fear - 두려움의 군주제)에서 혐오, 분노, 비난의 근원에 '두려움'의 감정이 있으며 두려움에서 비롯된 공포와 혐오를 조장한 트럼프가 표를 얻은 것이라고 설명한다.

브라이언 헤어와 버네사 우즈는 『다정한 것이 살아남는다』를 통해 신체적으로 우월한 네안데르탈인이 아니라 호모사피엔스가 끝까지 살아남은 까닭은 '친화력 다정함' 때문인데, 이 친화력의 이면에 자리 잡은 외집단을 향한 공격성과 혐오를 이용해 트럼프가 권력을 잡았다고 분석한다.

같은 '트럼프의 당선'이라는 사건을 인간의 감정, 능력주의, 진화로 분석한 저자들의 사고가 흥미롭다.

한국 역시 미국처럼 이러한 극적인 정치적 변화가 꽤 많은 편이다. 예컨대 국회의원의 경험이 없는 이준석 씨의 당대표 당선이나, 2023년 전주을 국회의원 보궐선거의 진보당 의원 선출을 기존의 좌우 엘리트 정치 세력을 거부하는 새로운 인물에 대한 선택으로 보기도 한다.

책을 읽다 보면 이렇게 사회 현상들이 연결되는 것을 알 수 있고, 독서토론을 하면서 다양한 의견 속에 새로운 시야가 펼쳐지는 것을 느낄 수 있다. 나와 사회가 가야 할 방향에 대한 의견도 들을 수 있다.

어쩌면 누군가는 그게 네 삶에 어떤 도움이 되냐고 물을 수도 있다. 나는 일주일에 한 권 정도, 1년에 60여

2024년 1월 5일, 리더스클럽 독서토론 모습.

2011년부터 매주 독서토론에 참여하며 책 읽는 습관을 들였다.

권의 책을 읽고 있지만 그보다 더 책을 많이 읽는 분들이 주위에 있고, 이를 통해 실제로 인생이 바뀐 분도 있다.

독서토론, 컨설팅, 강연을 하시는 분, 직장을 다니면서 사내 강사 활동을 하시는 분, 책을 쓰고 블로그에 글을 올리다 시인이 되신 분 등. 책과 독서토론을 통해 성장하는 사람들을 날마다 보고 있다. 나 역시 책과 독서토론으로 성장하고 있다. 소소하지만 책을 3권째 쓰고 있으며, 기업과 병영에서 독서토론 강사로 활동하기도 했다.

책은 사회생활에서도 유용한 도구이다. 책을 통해 강사를 만나고 평생학습관 프로그램에 섭외를 한다. 각종 모임에서 은근히 아는 체하기도 아주 좋다. 사람들은 항상 새로운 정보에 메말라 있기 때문이다.

오래전 시의원으로 활동할 때 매주 자생단체에 인사하러 가서 인사를 하면 어떻게 매주 인사말이 새롭고 다르냐고 물어보시는 분이 있었다. 아주 쉽다. 매주 새로운 책을 읽기 때문에 그 주에 읽은 책 내용 중 하나를 잊어버리기 전에 인용하면 된다. 이렇게 유용한 책을 왜 안 읽을까?

블로그, 어렵지 않아요

내 삶의 목표는 한 번 배워 익힌 지식과 경험을

두고두고 꺼내 쓰는 데 있다.

– 티모시 페리스, 「타이탄의 도구들」

평생학습 홍보의 수단이 다양해졌다. 홈페이지는 기본이 된 지 오래고, SNS의 발달에 따라 유튜브, 페이스북, 카톡 플러스, 인스타그램까지 계정이 없으면 이상할 정도이다.

블로그는 어떤가? 블로그가 다시 떠오르고 있다. 2021년 한 해 동안 네이버에서 새로 개설된 블로그 수는 200만 개, 생성된 콘텐츠는 3억 개에 달한다.

2020년 대비 무려 50% 이상 증가한 것이다.[18]

블로그는 사진과 글이 어우러진 정보 콘텐츠로, 검색 기능으로 인해 기관 홍보에 가장 효과적인 매체이다. 하지만 홈페이지 관리하기에도 벅찬 실무자들이 블로그를 쓰고 정리하는 것은 쉽지 않다. 쉽게 하려면 일이 아니어야 한다.

나는 블로그를 2개 운영하고 있다. 하나는 개인 블로그이고, 다른 하나는 아들과 공동 블로그이다. 전주시 평생학습관 대부분의 행사, 강좌는 거의 다 내 개인 블로그에 정리되어 있다. 만약에 블로그 정리가 업무였다면 쉽게 해내지 못했을 것이다. 왜냐하면 일이 되는 순간, 잘해야 한다는 부담감과 반드시 해야 한다는 책임감이 생기기 때문이다. 일이 아니기 때문에 나는 어느 곳을 가거나, 행사에 참여하거나, 강의를 들을 때 기자처럼 블로그 작성을 시작한다.

---

18) 김난도 외, 『트렌드코리아 2023』, 미래의 창, p151

올해 초, 전주시 덕진구에 종합사회복지관이 새로 문을 열었다. 그 복지관이 평생학습관 '모두 배움터'(전행복학습센터) 사업을 신청했기에 현장 방문이 필요했다. 나는 지하 주차장에 들어서는 순간부터 핸드폰 셔터를 눌렀다. 마침 담당자가 공간을 안내해 주었다. 담당자의 설명을 들으며 사진을 찍고 글을 쓴 후 사무실로 돌아와 '000종합사회복지관 공간 사용 설명서'란 제목으로 블로그에 올렸다. 내 기록이 될 뿐 아니라 담당자도 고마워하는 홍보가 되었다.

강의를 듣거나, 역사 기행을 가거나, 걷기를 할 때도 시작하는 순간, 나는 블로그 기자가 된다. 강의가 끝나고 걷기를 마치는 순간, 블로그에 글을 올려 함께한 사람들과 공유한다. 어떻게 그게 가능하냐고 묻는 사람도 있다. 그게 오히려 더 쉽다. 예를 들어, 역사 기행을 가면 안내문을 수도 없이 마주친다. 보통은 그것을 모두 사진으로 찍어두고 나중에 정리하려고 하는데, 사진 속 안내문이 다 비슷비슷해서 사진을 고르기 쉽지 않다. 하지만 바로 사진을 찍고, 해설사의 이야기를 핸드폰에 받아 적으면서 쓰면 그 자리에서 작성할 수가 있다. 쉬는 시간이나 점심시간엔 오타를 수정하거나 잘못 받아 적은 것을 고치고, 다 끝난 후에 소감이나 느낌만 첨부해 '발행'을 누르면 한 편의 블로그 글이 완성된다.

이렇듯 바로 작성해서 공유하면 함께한 분들은 내 글을 읽어주고, 잘못된 부분을 수정해 준다. 별도의 시간을 들이지 않고, 나와 학습관 모두 새로운 기록과 사진을 추가하게 된다. 나중에 관련 사업을 하거나 보고서를 쓸 때 다시 불러볼 수 있는 것은 덤이다. 현재 블로그 안에 있는 1,300개의 글 중에 190개의 글이 전주시 평생학습관의 사업, 행사에 대한 글이다.

아들과 함께 운영하는 블로그는 맛집 체험 블로그이다. 공동으로 운영하며 체험단에 신청해서 무료로 맛집도 즐기고, 애드포스트 수익도 올린다. 아들과 공동으로 운영해서 좋은 점은 아들 세대와의 갭을 줄일 수 있는 것이다. 처음에 놀란 것은 나와 아들의 글 쓰는 스타일이 너무나 다르다는 점이었다. 기본 글자 크기부터 나는 15포인트인데, 아들은 11포인트였다. 그래서 13포인트로 합의했다. 그리고 나도 모르는 나의 글쓰기 습관, 이를테면 눈웃음이나 물결 이모티콘의 과다 사용에 대해 수정 요구를 받았다. 청년들이 잘 사용하지 않는 단어도 고쳐 달라고 했다. 스크롤 압박을 싫어하는 청년 세대의 습관을 고려해 줄도 자주 띄어준다. 블로그를 함께 운영하면서 관심사나 맛집에 관한 이야기도 자주 나누고, 마케팅이나 트렌드의 흐름도 공유한다.

이렇게 두 개의 블로그를 운영하다 보니 1일 1블로그는 어렵지 않다. 통계를 보니 하루에 2개를 쓴 적도 많다. 글 쓰는 속도가 빨라지고, 어디를 가든 관찰하는 습관이나 글로 정리하는 습관은 덤이 되었다. 블로그 운영을 반드시 할 필요는 없다. 하지만 가장 빠른 검색과 기록의 보고로 아주 유용한 도구인 것은 사실이다. 여러분도 '오늘부터 1일?'

유튜브, 함께하면 쉬워져요

성공하고 싶다면 절대로 숨어 있지 마라.

사람들이 당신을 찾을 수 있는 장소에 항상 있어라.

매일 새로운 대안을 찾아라.

우리에겐 날마다 '새로운 하루' 라는

손님이 찾아오기 때문이다.

– 티모시 페리스, 『타이탄의 도구들』

"우리 유튜브 한번 같이 해보면 어때?"

어느 날 밤, 천변을 걷고 있는데 친구에게서 전화가 왔다. 책을 소개하는 북튜버를 함께해 보자는 것이었다.

"그걸 누가 찍어서 누가 편집해? 나는 기계치라 못해."

나의 말에 친구는 당분간 촬영과 편집은 후배가 도와 주기로 했으니 같이 시작해 보자고 했다. 그렇게 나는 친구 둘과 함께 유튜버가 되었다. 우리는 2020년 9월 6일 첫 촬영을 시작해서 지금까지 3년이 넘게 〈살아 있는 책 읽기 산책〉 채널을 운영하고 있다.

2022년 한국 사람들이 가장 많이 사용한 스마트폰 앱은 1위가 카카오톡, 2위가 유튜브, 3위가 네이버다. 그런데 가장 오래 사용한 앱은 독보적으로 유튜브이다. 이제 유튜브는 TV보다 더 친숙한 매체다.

물론 모두 직접 해야 할 필요성도 없고, 진입장벽도 높았다. 이미 수많은 기업과 연예인들이 진출해 있었고, 막대한 물량으로 전문적인 유튜버들이 판을 짜 놓은 세상에 들어갈 틈도 없고, 들어갈 이유도 없었다. 2019년 평생학습관 강사학교에서 강사들을 대상으로 "유튜브"에 대한 강의를 한 적이 있었고, 코로나19 이후에 평생학습포럼과 강사학교 등을 유튜브로 진행하기도 했지만, 내가 유튜버가 될 거라곤 꿈에도 생각하지 못했었다.

친구의 전화 한 통으로 시작한 유튜브, 50대인 우리에게 분명히 유튜브는 어렵다. 촬영과 편집을 도와준 후배는 4달 만에 제주도로 날아가 버렸고, 울며 겨자 먹기로 편집기술을 익히며 3년을 넘겼다. 셋이 함께 하면서 모르는 것은 물어보고, 새로운 기술은 가르쳐 주면서 영상을 업로드하고, 이를 보며 서로 평가를 주고받으면서 지금도 발전해 가고 있다.

처음 편집을 배우고 혼자 할 때는 삭제한 영상이 완전히 사라진 줄 알고 깜짝 놀라기도 했었고, 기본 편집을 하는데도 4시간 이상 걸리기도 하였다.

현재 채널의 구독자 수는 640명, 업로드된 동영상은 150개이다. 이 정도로는 수익이 창출되지 않는다. 수익을 내려면 구독자 수 1,000명 이상, 1년간 평균 시청 시간 4,000시간 이상이 되어야 한다. 2023년 6월, 수익 요건이 완화되어 구독자 500명 이상, 조회수 3,000건 이상이면 '슈퍼채팅'이나 '멤버십'을 이용

2020년 8월 30일, 〈살아있는 책읽기 산책〉 첫 촬영 모습

할 수는 있지만 수익은 미미하다.

이익도 안 나는데 유튜버가 되어서 무엇이 좋을까? 유튜브는 새로운 도구 중 하나다. 유튜버가 된다는 것은 나의 부가가치를 높이는 일이다. 나는 유튜브의 세계를 접하면서 썸네일을 활용할 줄 알게 되었고, 그러다 보니 평생학습관 행사에 대한 카드 뉴스를 쉽게 만들 수 있게 되었다. 또한 핸드폰으로 50+사회공헌 챌린지를 찍어서 영상 편집을 한 다음 평생학습관 채널에 올리기도 했다. 2021년에는 유튜브 채널을 이용해 장병 독서토론을 진행하기도 했다. 새로운 수익 창출이다. 유튜브에 영상을 찍어 올리는 책은 더 깊게 읽고 토론하며 내 것으로 만들 수 있다. 평생학습관에서 만드는 영상들에 대해서도 다른 눈으로 볼 수 있게 되었다.

유튜브가 이미 수많은 콘텐츠로 포화상태에 있지만, 시장은 나날이 세분화되어 가고 있기에, 큰 욕심 부리지 않고 재미있게 지속할 수 있는 무엇이 있다면 한번

도전해 보자.

동영상 편집, 촬영 기술 등의 장벽이 없는 것은 아니지만, 그것보다 더 중요한 것은 '내가 가지고 있는 콘텐츠의 지속 여부와 내가 재미있게 할 수 있느냐'이다.

'우리 집 강아지 이야기'나 '내가 만든 음식 이야기', '요즘 내가 키우는 식물의 성장 이야기' 같은 스스로 성과를 확인할 수 있는 콘텐츠는 어떨까. 비공개로 시작했다가 공개로 전환할 수도 있다. 무엇이든 꾸준함을 이기는 장사는 없다.

무용한 것들의 쓸모

쓸모는 이익과 다른 것이며

이익을 넘어선다.

– 엄기호, 『공부 공부』

"내 원체 무용한 것들을 좋아하오. 달, 별, 꽃, 미소, 농담. 그런 것들..."

드라마 〈미스터 션샤인〉에서 고애신(김태리 분)의 정혼자 김희성(변요한 분)의 말이다. 달빛 아래 천변을 걸을 때면 가끔 '무용한 것들'이란 말이 떠오른다.

우리는 살면서 자주 무용한 것들을 마주한다. 여기에서 '무용'이란 돈이 되지 않는 것, 쉽게 마주칠 수 있는 것들을 의미할 것이다. 이들은 시간과 에너지를 낭비하는 것처럼 보일 수 있으며, 우리는 그들을 무시하고 지나치곤 한다. 그러나 무용한 것들은 사실 우리에게 의미 있는 배움의 기회를 제공할 수 있다.

예를 들어, 일상생활에서는 무용해 보이는 '취미나 여가 활동'도 평생학습에 큰 도움을 줄 수 있다. 그림 그리기, 음악 연주, 퍼즐 맞추기, 요리 등의 취미활동은 창의적인 사고와 문제 해결 능력을 향상시킬 뿐만 아니라 유튜브나 블로그를 활용해 경제활동으로 연결시킬 수 있다.

모두가 싫어하는 '실패와 오류' 또한 성장의 기회로 삼을 수 있다. 사람들은 성공한 사람의 이야기를 듣기보다 실패를 극복한 사람들을 좋아하기 때문에 글이나 강의의 좋은 소재로 활용될 수 있다. 물론 더 나은 결정과 문제 해결 능력의 밑거름이 되기도 한다.

'일기 쓰기' 같은 활동도 평생학습을 위한 유용한 도구이다. 일기 쓰기를 통해 우리는 일상의 경험과 감정을 기록하고 되새기며, 자기 성장과 인지력을 개선할 수 있다. 또한 일기 쓰기는 우리의 문학적 표현력을 향상시키고 내적 성장을 돕는 동시에, 글쓰기 능력을 발전시키는 데 도움을 준다.

우리가 날마다 마주치는 '길'은 어떤가? 길을 걷는다는 것은 우리에게 많은 경험과 감동을 선사하는 활동이다. 즉, 운동과 휴식을 결합하여 건강을 챙기면서 자연과 도시의 아름다움을 탐험하고 새로운 것을 발견하게 하는 기회를 제공한다.

걷는 동안 우리는 신체적으로 활동하면서도 동시에 마음의 평온과 안정을 찾을 수 있다. 특히 자연 경관이 아름다운 산책로나 도시의 거리를 걷을 땐 스트레스 해소와 몸의 건강을 동시에 챙길 수 있다. 또한 길을 걷는 것은 혼자만의 시간을 가질 수 있는 좋은 기회가 되기도 한다. 걷는 동안 우리는 내면의 목소리를 듣고 생각에 잠길 수 있다. 이는 우리에게 자기 탐구와 자기 성장을 위한 소중한 시간이기도 하다.

2023년 11월 18일, 금강 걷기 마지막 날, 13코스를 걸었다.

자연은 우리 주변에 많은 것을 무료로 제공한다. 그것을 과연 '무용하다'고 말할 수 있을까? 우리는 평생학습을 통해 그들의 쓸모를 발견하고 학습의 영역으로 활용할 수 있다.

전주시 평생학습관은 2019년부터 8회, 147km 〈섬진강 걷기〉 프로그램을 운영했다. 섬진강 걷기 후 만들어진 〈섬진강〉 커뮤니티가 주축이 되어 2022년부터 2023년까지는 12회에 걸쳐 〈금강 걷기〉를 진행했다. 매회 5분이면 참가자 45명이 마감될 정도로 인기 있는 프로그램이다.

평생학습과 연계된 사물들은 우리가 일상적으로 접하고 있는 것들 중에서도 다양하게 존재한다. 중요한 것은 우리가 주변의 무용한 것들에도 관심을 가져 그들이 제공하는 학습의 기회를 발견하고 적극적으로 활용할 수 있느냐이다.

오늘도 우주의 아름다움을 대표하는 상징 중 하나인 달을 올려다본다. 달은 우리에게 과학적인 호기심과

우주에 대한 이해를 제공하고 문학, 예술, 신화에도 많이 등장하여 인문학적인 해석과 상상력을 자극한다. 달과 함께 걸으며 무용한 것들의 아름다움과 쓸모를 생각해 본다.

서 말의 구슬을 어떻게 꿸 것인가?

큰 꿈이 있다면 하루하루의 충실함이

바탕이 되어야 한다.

일상은 단지 하루만의 모습이 아니다.

하루하루를 충실히 쌓아가는 것이다.

이런 모습이 누적되고 쌓이면

감히 상상하기 어려운 결과를 만들 수 있다.

- 조윤제, 「다산의 마지막 습관」

나는 신제품을 먼저 사용해 보는 얼리 어답터가 아니
다. 오히려 기계치라서 새로운 도구에 두려움을 갖고
있다. 그런데 하루가 멀다 하고 새로운 도구들이 쏟아

져 나온다. 조금 익혀서 쓸 만하면 또 업그레이드된 다른 도구가 나온다. 게다가 기본적인 것도 안 쓰면 잊어버린다. '구슬이 서 말이어도 꿰어야 보배'라는 데, 이 도구들을 어떻게 사용하는 게 좋을까?

가장 먼저 해야 할 것은 그 도구가 나에게 필요한 도구인지, 어느 곳에 사용할 것인지를 판단해야 한다. 책, 블로그, 유튜브, Thinkwise, 에버노트, 노션, 미리캔버스, 쳇GPT 등 모든 도구를 다 쓸 필요는 없다. 아무리 좋은 도구라도 내가 안 쓰면 잊어버리고 무용지물이 된다. 내게 필요한 도구는 도움이 되면 사용하게 되고 습관이 된다. 일단 필요하다고 판단되면 내 것으로 만들어야 한다. 내 것으로 만들려면 자주 사용하면 된다.

그러기 위해서는 '같이하는 것'이 유용한 방법이다. 유튜브의 경우 친구들과 함께 운영하다 보니 모르는 것은 서로 알려주고, 새로운 기능도 함께 배우면서 익힐 수 있었다. 혼자 운영했다면 금방 지쳐서 바로 그

만둘 수도 있었겠지만, 돌아가면서 업로드를 하다 보니 의무감과 책임감이 생겼다.

이 책을 쓰면서 나는 노션과 쳇GPT를 활용했다. 쓰다가 막히면 쳇GPT에게 물어봤고, 출판기획서와 목차를 노션에 써놓고 언제 어디서나 글의 목차에 대해 어떤지 지인들에게 물어보기도 했다. 사용하지 않는 도구는 모르는 것과 같이 의미가 없다.

구슬을 꿰는 마지막 방법은 '융합' 이다.

『당신도 느리게 나이들 수 있습니다』에서 저자 정희원은 지속가능한 노년 생활의 포트폴리오를 제안하면서 '머릿속에 생각의 격자를 만드는 공부법' 을 이야기한다. 다양한 전문 분야의 지식을 끊임없이 공부하면서 한 분야에 대해서만 좁고 깊게 공부하기보다는 다른 분야의 비슷한 현상에 대해 이해하면 자신의 분야에 대해서도 새롭게 이해할 수 있다는 것이다. 그렇게 공부하지 않으면 지금도 워드프로세서를 전혀 사용하지 못하는 일본 고위 관료처럼 화석형 전문가가 된다고 경고한다.

도구의 사용도 마찬가지이다. 책을 읽은 후 블로그에 정리하고, 유튜브에 업로드한 후에도 블로그에 영상을 함께 올린다. 내가 갖고 있는 모든 도구를 조금씩 사용한다. 메모는 핸드폰 메모장에 저장하고 행사나 책, 영화 등 블로그 쓰기에 적합한 것은 블로그에, 자동차 관리일지나 쌓이는 정보는 에버노트에, 장기 프로젝트나 협업에 관련한 메모는 노션에 저장한다. 도구별로 장단점이 있고, 하나를 편중해서 사용하면 사용료를 부담해야 한다.

배우는 것도 마찬가지이다. 활용하면서 융합해야 한다. 아침에 일어나면 종이 신문을 읽는다. 읽으면서 좋은 칼럼이나 정보는 블로그에 저장한다. 좋은 글의 소재가 될 수 있다.

운전할 때는 오디오클립을 주로 듣는다. 대신 오디오클립은 휘발성이 있어서 들을 때는 좋지만 요점을 요약하지 않으면 바로 날아가 버린다. 중요하다고 생각한 정보는 운전 후 바로 메모로 옮긴다. 걸을 때는 잘 풀리지 않은 문제나 글의 구성에 대해 생각한다. 사람은 움직이면서 생각하도록 진화했다.[19] 물론 생각난 부분 역시 메모장에 기록해야 한다.

책을 읽으면 반드시 밑줄 친 부분은 컴퓨터에 저장한다. 저장된 내용을 언제 다시 볼지 모르겠다고 생각했지만, 이 글을 쓰면서 많은 부분을 참고했다.

하나씩 있는 구슬도 아름답지만, 꿰어진 구슬은 완성된 느낌을 준다. 내가 가진 많은 자원을 잘 꿰어서 작품을 만든다면 오래 기록하고 보존할 수 있을 것이다.

---

[19] 캐롤라인 윌리암스, 「움직임의 뇌과학」, 갤리온, p34

CHAPTER
05

제5장

책장 너머 공부의 풍경

김동식의 댓글부대

공부는 곧 태도다.

배움의 태도란 결국 자기 자신과

대상을 대하는 태도를 의미한다.

– 엄기호, 『공부 공부』

얼마 전 『회색 인간』(2017)의 저자 김동식님 초청 강연에 다녀왔다. 저자의 책 『회색 인간』을 읽으면서 신선한 충격을 받았기에 어떤 분이고, 무슨 말을 할지 궁금했다. 『회색 인간』은 어느 인터넷 유머 사이트에 실린 저자의 글 24편을 모아 펴낸 책이다. 이제까지 글쓰기에 대해서는 배운 적도 없고, 읽은 책은 세 권 정도, 10년간 주물공장에서 일하다가 댓글이 달리는 즐거움에 3일에 한 편씩 글을 썼다는 저자의 이력은 더욱 호기심을 자극했다.

저자는 자신의 성공 비결을 세 가지로 요약했다.

첫 번째는 운, 두 번째는 꾸준함, 세 번째는 댓글의 응원을 무조건 수용했다는 것이다. 나는 세 번째 이야기를 들으며 커다란 공감을 느꼈다.

저자는 어떤 댓글, 글쓰기 팁이 들어와도 수용을 하고, 그 댓글에 반드시 감사의 댓글을 달았다고 했다. 처음에는 맞춤법도 틀리거나, 같은 말을 반복하거나, 지나치게 의성어를 많이 사용했지만, 댓글의 지적을 수용하면서 점차 좋은 글을 쓰게 되었다는 것이다. 한 발 더 나아가서 댓글을 올린 사람들은 저자를 본인이 키운 것 같은 마음을 갖게 되었다고 한다.

그러나 책 출판의 제안을 받고 흔쾌히 수락하였지만, 출판 후 3일 동안 한 권의 책도 안 팔리자, 저자는 소심하게 그동안 글을 올렸던 사이트에 "여러분의 도움으로 제가 책을 출판했습니다."는 글을 올렸다. 그 후 서점에서 저자의 책을 사서 찍은 인증샷의 댓글이 파도처럼 밀려왔으며, 며칠 만에 바로 6,000권이 완판되었고, 지금은 71쇄를 찍었다고 한다. 그 책뿐 아니라 각기 다른 10권의 책도 인기리에 팔리고 있으며, 일본어 번역 계약과 영화 판권까지 팔렸다고 한다.

누구나 베스트셀러 작가가 되고 싶어 한다. 나도 그렇다. 그러면 나와 김동식 작가의 차이는 무엇인가? (물론 다른 차이도 많겠지만) 작가는 모든 비판을 수용했지만 나는 그렇게 못한다. 글뿐만이 아니다. 누군가 나의 어떤 면을 지적한다면 겉으로는 고맙다고 하겠지만 마음으로는 '이것은 이래서 안 되고, 저것은 그분이 틀렸고'를 계산하고 있을 것이다.

저자는 자신의 성공 비결을 "운과 선한 사람들의 연대"로 돌렸지만, 내가 보기에는 저자의 성공 비결은 "겸손과 수용"에 있다고 생각한다. 우리는 늘 "듣겠다."고 말하고 실제로 그래야 한다고 생각한다. 하지만 생각처럼 실천하기는 어렵다. 내 안을 가득 채운 정보와 생각은 결코 쉽게 타인의 말이 비집고 들어갈 틈을 내주지 않는다. 그래서 비판을 수용하기보다는 재단하기에 바쁘다.

50여 분의 짧은 강연 후에 질문 시간이 있었다. 중학교 중퇴라는 학력과 10년 동안 한 공장에서만 일한 그가 어떻게 지금의 사회 현상을 반영하는 글을 그렇게 다양하게 쓸 수 있었냐는 질문이 있었다.

저자의 답은 명쾌했다. 사람들이 좋아할 만한 글을 쓰기 위해 찾다 보니 화제가 된 뉴스나, 많은 사람들이 좋아하는 댓글을 통해 글의 소재를 찾았다는 것이다.

'좋은 태도는 좋은 응원을 부른다.'

어떤 학력과 경력이 김동식 작가의 댓글부대를 넘어설 수 있을까? 강연 후 돌아오는 차 안에서 든 생각이다.

타인의 슬픔을 공부한다

사람은 자신과 비슷한 모습과 맞닥뜨렸을 때

비난하고 혐오한다.

그래서 어른은 눈앞에 선 괴물이

혹시 거울에 비친 자신이 아닐까 점검한다.

– 조윤제, 『다산의 마지막 습관』

'슬픔을 공부하는 슬픔?'

책 이름을 우연히 들었을 때부터 아리송했다. 책을 읽

으면서도 저자가 꽤 섬세하고 민감하다는 느낌이 들

었지만, 주제만큼은 그다지 와닿지 않았다. 책을 그렇

게 3분의 1정도 읽었을 때 삼천도서관에서 저자의 특

강이 열린다는 소식을 들었고, 나는 그곳으로 향했다. 우아하고 섬세한 문체로 평론계에서는 이례적으로 팬층을 두텁게 확보하고 있는 신형철 평론가는 책자 사진에서 나온 것처럼 호리호리하고 차분해 보였다. 당시 난 막 사무실에서 보고서를 쓰다 정신적으로 많이 지친 상태였기에 잔잔하고 평온한 저자의 말투가 마치 자장가처럼 들려왔다. 손바닥 지압을 해가며 애써 졸음을 물리쳤다. 고3 때도 하지 않았는데. 그렇게 나는 왜 타인의 슬픔을 공부해야 하는지에 대해 알게 되었다.

저자는 인간은 존재 자체가 결함투성이어서 인간이 배울 가장 소중한 것과 인간이 배우기 가장 어려운 것은 "타인의 슬픔"이라고 하였다. "육체"라는 경계, "영혼"이라는 깊이, "심장"이라는 조건이 타인의 슬픔을 이해하기 어렵게 근원적으로 막고 있기 때문이라는 것이었다.

그럼에도 타인의 슬픔을 공부해야 하는 이유를, 세월

호 사건 때 단식 투쟁을 하던 자식 잃은 유족들 앞에
서 치킨과 피자를 시켜 먹었던 사람들을 예로 들어 설
명했다. 괴물은 의지가 아니라 무지로 탄생한다는 것
이다. 그들은 유족들의 슬픔을 몰랐다는 것이다.

또한 소위 버닝썬 게이트 사건 당시에도 마찬가지였
다고 하였다. 남자 연예인들의 단체 카톡방을 보면서
그들은 자신들의 행위가 '범죄'인 줄은 알면서 상대
방(타인)의 상처는 모른다는 사실에 저자는 큰 충격을
받았다고 하였다.

저자는 위로는 인식에서 비롯되는 것이라고 말했다.
인식, 즉 알아야만 이해할 수 있고, 진심으로 위로할
수 있기 때문에 우리는 타인의 슬픔을 공부해야 한다
는 것이다.

몇 년 전에 있었던 전주시 열린시민강좌에서 정혜신
박사의 강연이 생각났다. 1시간 반 정도 진행된 강연
이 끝난 후 나이가 지긋했던 한 시민이 손을 번쩍 들
고 질문하였다.

탄핵당한 박근혜 전 대통령이나, 세월호 앞에서 몰상식한 발언을 한 모 국회의원과 어버이연합 사람들을 보면 도처히 이해가 안 된다는 것이었다.

정혜신 박사의 대답 역시 큰 맥락에서 신형철 저자와 같았다. 박근혜 대통령은 부친이 돌아가시고 하루아침에 많은 사람들이 등을 돌린 것을 경험했다. 그 후 18년 동안 외출도 안 하고 와신상담, 요가만 하면서 버텼다. 치유를 받아 정리하지 않으면 자신의 고통에만 매몰되고 타인의 고통에 공감할 수 없다. 치유 받지 못한 상처는 누군가에게는 칼이 된다. 일부 국회의원이나 어버이연합도 마찬가지다. 본인이 받은 상처와 소외감이 깊어서 그럴 수 있기 때문에 내가 치유를 받아야 다른 사람을 치유할 수 있다고 하였다.

그렇다면 어떻게 타인의 슬픔을 공부할 수 있을까?

저자는 타인의 고통에 대한 민감성과 그를 외면하지 못하는 결벽성은 타고나는 것이 아니라 길러지는 것이라고 했다. 타인의 슬픔을 공부하는 방법으로 그는 관점을 바꾸는 것, 현장에 있는 것, 감정 공부, 시나 소설을 읽는 것을 제시하였다. 모두 쉬운 것은 아니다.

늦은 저녁, 2시간 20분 동안 강연을 듣고 집으로 돌아왔다. 나를 맞이해 주는 것은 아이들도, 남편도 아니고 어지러워진 집뿐이었다. 쌓여있는 집안일. 일의 양만큼 분노 게이지도 올라간다. 하지만 최대한 상냥하게 "모두들 어디야?"라고 카톡을 보낸다. 나는 타인의 슬픔을 공부하기로 마음먹은 '공부하는 인간' 이니까.

내가 선택한 가족:
외로움이 나를 부를 때

울지 마라

외로우니까 사람이다

살아간다는 것은 외로움을 견디는 일이다

−정호승의 시 〈수선화에게〉 중에서

해마다 새해가 되기 전에 읽는 책이 있다. 김난도 교수 외 공저자들이 함께 쓰는 『트렌드 코리아』 시리즈이 다. 이 책을 2012년부터 매년 읽다 보니 흐름이 보인 다. 우리 사회의 변화이기도 하고, 특징이기도 하다. '저성장, 개인화, 외롭지만 함께, 기술의 성장' 저성장 속에서 개인은 더 개인화되어 가고, 개인화 경향이 두드러지면서도 한국인은 공동체를 추구한다. 외로워하며 누군가 자기를 알아주기를 갈망하는 것이다.

그래서 세대 공감에 호응하고(2012년), 일상을 자랑질하고(2015년), 취향공동체가 뜨고(2016년), 이 관계를 다시 써보려고 노력하고(2018년), 팬슈머가 되어 누군가를 키우고 싶어 한다.(2020년). 『트렌드 코리아 2019』에서는 10대 상품 중 하나로 〈펫 관련 용품 및 서비스〉를 설명하면서 '대인관계' 트렌드를 이야기한다. 반려동물을 키우는 것이 사람 사이에서 느끼는 불편함을 피하면서 외로움을 해소하는 대안으로 등장했다는 것이다.[20]

사람은 외롭다. 아이도, 청소년도, 청년도, 중년도, 노년도 외롭고 쓸쓸하다. 갈수록 외로워지는 사회에 외로움이 질병이고, 관계가 대안이라고 말하는 책을 만

---

20 김난도 외, 『트렌드코리아 2019』, 미래의 창, p50

났다.

『우리는 다시 연결되어야 한다』(2020)이다.

이 책은 이민자의 아들로 태어나 미국의 19대 공중보건위생국장을 지낸 비벡 H. 머시 박사가 본인의 경험을 바탕으로 '하루 담배 15개비 흡연' 보다 더 심각한 질병인 '외로움' 에 대해 이야기하는 책이다.

저자는 공중보건위생국장 임기를 시작하면서 미국 전역을 돌아다니며 사람들의 의견을 들었다. 이 과정을 통해 마약성 진통제 남용, 비만, 당뇨보다 더 심각하게 반복되는 질병의 근원이 '외로움' 이라는 것을 알게 되었다.

외로움은 알코올 섭취나 운동 부족으로 인한 어려움보다 더 위험하고 조기사망에 이를 수 있다.

우리는 언제 외로움을 느끼는가?

'군중 속의 고독' 이란 말처럼, 역설적이게도 혼자 있을 때보다 모두 함께 있는데 자신만 혼자라고 느낄 때 더 외로움을 느낀다.

기술의 발전은 우리를 더 외롭게 한다. 지난주에 토론한 책 『메타버스』(김상균 저)(2020)에서도 외롭다고 응답한 사람들이 브이로그를 더 많이 시청한다는 분석이 있었다.[21] 이 책에서도 SNS에 더 많이 접속하는 사용자들이 덜 접속하는 사용자보다 2배나 높게 외로움을 느낀다고 한다.[22] 젊은 사람일수록, 저소득일수록, 혼자일수록 외로움을 더 느낀다는 조사결과도 있다.

이런 외로움을 극복할 수 있는 방법으로 저자는 에필로그에서 우리가 선택한 가족에 대해서 이야기한다. 먼저 우리가 우리 스스로의 벗이 되고 이를 가족, 이웃, 친구들로 확대해 옆에 있는 사람의 손을 잡아준다면 새로운 관계가 형성되고 우리는 다시 연결될 수 있다는 것이다.

---

21) 김상균, 『메타버스』, 플랜비 디자인, p126
22) 비벡 H. 머시, 『우리는 다시 연결되어야 한다』, 한국경제신문사 p145

그럼 외로운 사람의 손은 누가 또 어떻게 잡아줄 수 있을까?

이미 많은 평생학습관에서 배달강좌나 동네카페 사업을 통해 배움과 커뮤니티 형성에 도움을 주고 있다. 원하는 사람들이 함께 배움을 요청할 때 강사비를 지원하는 서비스이다.

전주시 평생학습관은 50+플랫폼을 통해서 20개의 커뮤니티를 만들었다. 걷기를 함께하며 쓰레기도 줍는 '걷기 커뮤니티', 가구를 만들어 독거노인에게 전달하는 '생활가구 커뮤니티', 낭독으로 소리책을 만들어 기부하는 '낭독 커뮤니티', 악기 연주를 연습해서 봉사하는 '연주 커뮤니티' 등 분야도 다양하다. 모두 배움과 나눔을 통해 사회공헌까지 함께하고 있다. 커뮤니티가 늘어날수록 우리 사회에 외로운 사람이 줄어들지 않을까 생각해 본다.

나도 나이 50이 넘어 가입한 모임이 2개가 있다. 하나는 독서동아리에서 만난 친구들과 함께하는 유튜브 모임이고, 두 번째 모임은 생협에서 만난 친구들과 영화, 연극 공연을 함께 보는 친구 모임이다. 우리는 나이가 들면 새로운 모임을 찾기 어려울 것이라고 생각하지만, 그렇지 않다. 내가 속한 독서동아리는 그 안에 다시 걷기 모임, 소설 읽기 모임, 감사 일기 쓰기 모임, 비폭력 대화 모임이 만들어져 운영되고 있다. 이처럼 주위를 둘러보면 온라인, 오프라인으로 함께 할 수 있는 모임이 생각보다 많다.

물론 정보에 대한 접근이 쉽지 않은 사람들도 있다. 이 부분은 공공기관이나 지역 사회에서 손을 내밀어야 한다. 함께할 수 있는 계기를 만들어 주는 것이다. 저자는 각성상태를 열어주는 열쇠가 바로 친절이라고 말하며 이를 강조하고 있다.

내가 오늘 한 사람에게 친절하게 행동한다면 그 친절은 머지않아 나에게 돌아올 수 있을 것이고, 우리 사회는 안전해질 것이다. 역으로 사회가 안전해지는 것은 외로움이 사라질 때이고, 서로 친절해질 때이다.

사촌이 땅을 사면 배가 아픈 이유

공부는 망치로 합니다.

갇혀 있는 생각의 틀을 깨뜨리는 것입니다.

— 신영복, 『처음처럼』

가끔 외부인의 시선으로 쓴 한국, 한국인에 대한 책을 읽으면 우물 안에 있는 내 시선이 우물 밖으로 나갈 기회를 얻는다. 박노자의 『당신들의 대한민국』, 『좌우는 있어도 위아래는 없다』를 읽으며 느꼈던 신선한 충격은 아직도 잊을 수가 없다. 그 책들은 우리가 생각하지 못했던 한국의 병영문화와 지식사회의 문제의식, 제도적, 사회적 폭력을 예리하게 드러내고 있었다.

이후 서경식, 홍세화 등 재외 인사들의 칼럼에서 나는 한국에선 접할 수 없는 날카로운 문제의식을 느끼곤 하였는데, 요즘에는 외국으로 유학을 갔다 온 교수들의 책을 보며 새로운 시각을 접하고 있다.

『쌀, 재난, 국가』(2021)도 그런 의미에서 신박한 책이었다. 저자 이철승 교수(서강대학교 사회학과)는 노스캐롤라이나 대학교에서 복지국가와 불평등에 관한 논문으로 박사학위를 받았고, 시카고 대학교에서 종신교수로 2017년까지 근무하다 한국으로 돌아왔다.

그가 쓴 첫 번째 책인 『불평등의 세대』(2019)는 '세대'라는 앵글을 통해 불평등과 계급을 이해하려는 책이다. 이 책에서 저자는 민주화에 앞장섰던 386세대가 기업과 국회의 중추가 되고 한국사회의 주류가 된 지금, 왜 불평등이 심화되고 있는지 묻는다. 그리고 이에 대한 대안으로 임금피크제의 전면 실시, 연공제에서 직무제로의 전환, 연금의 세대 간 이전율 조정, 세대 간 주거권 배분 배제, 고용과 훈련의 안전망 확대를 제시하고 있다.

『쌀, 재난, 국가』는 이철승 교수의 두 번째 책으로 한
국사회 불평등의 기원은 '쌀'이고, 쌀농사를 짓다 보
니 제일 중요한 게 '재난'이었고, 재난관리를 위해
'국가'가 존재했다고 말한다.

『쌀, 재난, 국가』에서 저자는 묻는다.

'동아시아의 엄청난 협업 네트워크는 어디서 왔을
까?'

'한국인만큼 협업을 잘하는 민족도 드물지만, 한국인
만큼 위계를 따지는 민족도 드물다. 그 위계는 어디서
왔고, 왜 이렇게 상고한가?'

'우리는 왜 불평등에 민감한가?'

저자는 그 답이 '쌀-벼농사 체제'에 있다고 주장
한다.

벼농사를 짓다 보니 경작은 공동으로 하고 소유는
개인이 가져가는 '공동생산-개인소유의 시스템'이
형성되었고, 이로 인해 협력을 잘하면서도 경쟁은

치열하고 불평등엔 민감한 성정이 만들어졌다는 것이다.23)

한편, 벼농사를 위해선 재난 대비가 필수 과제인데, 이는 국가가 존재해야 할 이유가 되기도 하였다. 즉, 국가는 벼농사에 영향을 미치는 가뭄, 홍수, 태풍 등의 자연재해에 대비하고, 피해가 발생했을 때 이를 구휼하는 역할을 담당했던 것이다. 이는 코로나19로 발생한 팬데믹 상황에서, 벼농사를 짓는 동아시아 지역이 더 효과적으로 대처할 수 있었던 이유로 꼽히기도 한다.

문제는 이런 벼농사 체제의 유산이 현재는 연공서열 위주 문화, 여성 배제의 사회구조, 시험을 통한 선발로 신분 유지, 땅과 자산에 대한 집착 등의 문제를 발생시켰고, 더 이상 사회발전의 기제가 되지 못하고 있다는 것이다.

---

23) 이철승, 『쌀, 재난, 국가』, 문학과지성사, p134

나아가 저자는 동아시아와 유럽 사회의 차이를 벼농사와 밀농사로 설명하고 있다.

쌀은 완전식품이라 쌀에 중독된 동아시아는 쌀의 경작지를 넓혀가며 벼농사 체제를 만들어 간 반면, 밀농사는 우유나 고기가 필요했기에 개인주의와 개척정신이 발달했다는 것이다. 특히 스위스처럼 목축이 발달한 나라는 목초지 관리가 중요했기 때문에 이는 공유지 관리와 협동조합의 발달로 이어졌다고 보았다.

삼성전자와 BTS, 현대자동차와 블랙핑크의 성공 이유를 '군무'로 보는 것도 재미있었다. 벼농사 체제의 공동 노동조직에서 비롯된 협업과 조율시스템은 표준화와 분업화를 낳았고, 이 표준과 분업시스템이 이들을 성공으로 이끌었다는 것이다.

사촌이 땅을 사면 배 아픈 이유도 '공동생산-개인소유의 시스템'에서 찾는다. 같이 농사를 지어서 그 집에 대해 잘 알기에 비교와 질시의 문화가 탄생했다는 것이다.

이처럼 『쌀, 재난, 국가』는 도발적이다. 그래서 흥미롭다. 아마도 긴 시간 한국을 떠나 있었기에 자유로운 분석과 제안이 가능했던 게 아닐까 싶다.

저자는 "연공제(근무연한에 따라 임금과 직급이 상승하는 임금제도)를 없애고 직무제(직무에 따라 호칭과 급여를 정하는 임금 제도)를 도입해야 한다."고 강조하면서 청년과 여성이 이런 불평등 구조의 피해자임을 데이터로 증명해 보이고 있다. 예컨대 여성 임원 증감량과 자본수익 증감량을 비교한 수치를 보면, 여성 임원이 많을수록 수익률은 올라가고, 여성 임원이 적을수록 수익률은 떨어진 것이다. 재미있는 분석이었다. 이런 다양한 시선이 사람과 사회를 풍부하게 하고, 발전시킬 수 있다고 나는 믿는다.

사촌이 땅을 사면 왜 배가 아픈지 알았다면, 이제 어떻게 하면 배가 아프지 않을지를 연구해야 한다.

개인적으로나 사회적으로 비교와 질시의 문화가 많은 사람을 힘들고 아프게 했었을 테니, 이제부터는 혹시 나만 뒤처지는 것 같은 생각이 든다면 '이 모든 것은 벼농사 체제의 유산이야!' 라고 생각하며 자신을 인정하고 사랑하는 자세, 내가 가진 것을 감사하는 마음을 가져보는 건 어떨까. 내게 부족한 점은 배움과 계발로 채우고, 자존감의 상처를 입었다면 명상 등으로 감정을 추스르는 것도 좋은 방법이 될 것이다.

이처럼 원인을 알았으면 대안과 실천까지 모색해 보는 것, 그것이 내가 생각하는 진짜 책을 읽는 자세다.

물고기는 존재하지 않는다

자연에서 생물의 지위를 매기는 단 하나의 방법이란
결코 존재하지 않는다.

-찰스 로버트 다윈

카프카는 "책은 우리 내면의 얼어붙은 바다를 깨는
도끼여야 한다."고 했다. 2023년 많은 책을 읽었지
만, 내게 가장 큰 충격을 준 책은 룰루 밀러의 『물고
기는 존재하지 않는다』이다.

이 책은 출판 후 엄청난 반향을 일으켰다. 2020년 〈
워싱턴 포스트〉, 〈NPR〉, 〈시카고 트리뷴〉, 〈스미소
니언〉이 최고의 책으로 선정하였고, 오프라 윈프리는

"완전히 넋을 잃을 정도로 매혹적인 책"이라고 말한 바 있다. 더불어 책이 출간된 지 불과 6개월 후 스탠퍼드 대학과 인디애나 대학에서 '데이비드 스타 조던'이라는 이름이 붙은 건물의 이름을 바꾸었다는 사실은 이 책의 영향을 잘 보여준다.

도대체 무슨 일이 일어난 것일까?

저자 룰루 밀러는 '방송계의 퓰리처상'이라 불리는 피버디상을 수상한 과학전문기자로, 이 책은 룰루 밀러의 논픽션 데뷔작이다.

책은 평전 같기도, 회고록 같기도, 또 에세이나 과학책의 같기도 하다. 이와 같은 의도적인 장르의 혼재는 곧 이 책의 혼란스러운 주제를 상징화하고 있다.

당대 알려진 어류의 5분의 1을 발견하고 이름을 명명하는 것으로 자신의 삶을 증명해 낸 사람, 데이비드 스타 조던.

시작은 낙천적이고 열정적인 그를 만나는 것으로 출발한다. 밤하늘의 별을 쫓는 것을 시작으로 꽃, 자연으로 관심사가 확대되며 각각의 세계가 지닌 질서를 규명하는 일에 매달린 스탠포드 대학교 초대 총장 데이비드 스타 조던은 충분히 매력적인 인물이다.

어떤 고난이 닥쳐도 흔들리지 않는 데이비드의 모습을 닮고 싶어질 무렵, 반전이 시작된다.

그는 전문성을 인정받아 스탠포드 대학에서 일하게 되었지만, 후원자 제인 스탠포드와의 갈등으로 그는 해임당할 처지에 놓인다. 그런데 얼마 후 갑작스럽게 그녀가 사망하면서 데이비드는 그 위기를 모면하게 된다. 이러한 정황을 근거로 저자는 그녀의 죽음에 그가 있을 거라고 의심하며 그 미스터리를 추적해 나선다. 그 결과 제인 스탠포드의 유력한 사망원인 스트리크닌에 의한 독살이며, 이는 데이비드가 물고기를 잡기 위해 주로 썼던 독이었음을 밝혀낸다.

또한 저자는 그가 열렬한 우생학의 지지자였음을 밝

힌다. 동식물을 넘어 인간 자체에도 우열이 있음을 믿었던 그는 이민자, 정신질환자, 장애인 등의 사회적 약자를 부적합자로 낙인찍어 사회로부터 격리시켰고, 심지어는 우생학적 불임을 합법화시키는 데도 앞장섰다.

그렇다면 무엇이 그를 그렇게 만들었단 말인가.

책은 그 원흉에 대해 데이비드가 스스로가 상당히 자랑스러워하던 "낙천성의 방패"를 제시하고 있다. 이에 대해 '루서 스피어' 그는 "자기가 원하는 것은 다 옳은 것이라고 자신을 설득할 수 있는 무시무시한 능력"을 지니고 있다고 평가하면서 "그가 자기 자신에게 갖는 확신과 자기기만과 단호함이 세월이 흐를수록 더 강화되는 모습에 충격을 받았다."고 고백하고 있다.[24]

---

24) 룰루 밀러, 『물고기는 존재하지 않는다』, 곰출판, p202

『물고기는 존재하지 않는다』의 장점 중 하나는 토론할 만한 주제를 던져주고 있다는 점일 터다.

우리는 조던의 변화에 대해 이야기를 나눌 수도 있다. 조던은 자신의 과학을 맹신하고 그 외의 것은 전혀 받아들이지 않았다. 뿐만 아니라 자신의 목적을 위해 타인의 희생은 아무렇지도 않게 생각했다.

만약 작가가 이렇게 책을 쓰지 않았다면 우리는 조던을 계속 위대한 과학자이자 어류학자로 기억하고 있을 것이다.

책은 묻고 있다.

물고기만 존재하지 않는 것일까? 당신은 당신 자신과 주위를 둘러싼 이웃, 사회가 믿는 신념, 종교, 사상에 반하는 생각을 말하고 실천하고 있는가? 어느 날 당신이 당연하게 믿었던 것들을 부정당했을 때 당신은 어떻게 할 것인가?

이 책은 여기서 멈출 수도 있었다. 하지만 멈추지 않았다. 저자가 7살 때 "인생의 의미가 뭐예요?"라고 물었을 때, 저자의 아버지는 "인생은 아무것도 아니야!"
라고 대답해 주었다고 한다.

저자는 조던을 넘어 이제 인생의 의미를 찾기 시작한
다. 조던의 반대편에 있는 사람들, 물고기가 존재하지
않는다는 것을 쉽게 인정하고, 서로 배려하며 어울려
사는 사람들의 모습을 매리와 애나, 저자 언니의 모습
을 통해 보여주고 있다. 그래서 물고기를 포기했을 때
더 나은 삶을 살 수 있다는 것을 이야기한다.

지금은 혐오의 시대다.

나와 다름을 인정하지 않고 공격한다. 장애인이어서,
여성이어서, 외국인이서 차별한다. 저자는 이 시대,
우리에게 필요한 말을 책을 통해서 해주고 있다.

다윈은 『종의 기원』에서 한 종을 강력하게 만들고, 그
종이 미래까지 버틸 수 있도록 하는 힘으로 '변이'를
설명하고 있다. 이에 저자는 '민들레 원칙'이라는 개
념을 소개한다. 지금 우리에게 필요한 것은 다양성을
인정하고 우리 세계를 확장하는 것이다.

저자는 에필로그에서 이렇게 말했다.

"내가 물고기를 포기했을 때 나는 마침내 내가 줄
곧 찾고 있었던 것을 얻었다. 나는 좋은 것들이 기
다리고 있다는 약속을 얻었다."[25]

당신의, 나의 물고기는 무엇이고, 그것을 포기했을 때
우리는 무엇을 얻을 수 있을까.

이 놀라운 책은 책을 읽기에 그치지 말고 자신에게 질
문하라고 말한다.

지금까지 그저 당연하게 존재하는 줄로 알았던 어류
가 존재하지 않는 것처럼, 내 삶에서 묻지도 따지지도
않고 분류하고 인정해 왔던 것들을 다 내려놓을 수 있
는지, 나의 비합리성과 고정관념을 언제든 인정할 수
있는지 묻는다.

책장을 덮으면서 생각이 더 많아진다.

---

25) 룰루 밀러, 「물고기는 존재하지 않는다.」, 곰출판, p263

06

우리 기억 속의 할머니

미래는 내일 오는 것이 아니다.

우리 내면에 이미 들어있다.

– 유시민, 「나의 한국 현대사」

계절과 이슈에 따라 생각나는 사람, 사건이 있다. 8월에는 일본군 '위안부' 관련 영화와 이슈가 많다.

영화 〈주전장〉, 〈김복동〉, 〈허스토리〉를 보면서 몇 가지 생각이 들었다.

먼저 떠오른 의문은 일본군 '위안부' 생존자들이 끌려갔다가 돌아온 해방 이후부터 1991년 8월 14일, 고(故) 김학순 할머니가 최초로 증언할 때까지 44년 동

안 '왜 아무도 이 일에 대해 이야기하지 못했을까?'
하는 것이었다.

답은 영화 〈허스토리〉에서 찾을 수 있었다. 〈허스토
리〉는 1992년부터 1998년까지 시모노세키와 부산을
오가며 일본군 '위안부' 및 '여자근로정신대' 피해자
들이 일본 정부를 상대로 제기한 소송인 이른바 "관
부재판"을 그리고 있다.

이 영화에선 일본군 '위안부' 피해자로부터 신고를
받은 부산여성경제인연합회에 돌을 던지거나, 할머
니들을 태우고 공항으로 가면서 막말을 쏟아내는 택
시 운전사 등이 등장한다. 이 장면들은 우리의 무지와
편견, 가부장제적 의식이 돌아온 생존자들을 두 번,
세 번 죽였던 것임을 상징적으로 보여주고 있다. 바로
이러한 사회적 가해로 인해 피해자들은 50여 년의 세
월을 숨죽여 살아야 했던 것이다.

전북지역도 다르지 않았다. 생존자들은 1998년이 되
어서야 하나, 둘씩 피해 신고를 했다. 하지만 그 후에

도 세간의 이목을 살피며 살았다.

내가 방문했던 무주 할머니의 경우에는 이웃들에게 나를 "전주 조카"라고 소개해 놓으셨다. 무주에서 말씀하실 때는 조심스레 작은 목소리로 그냥 잘 살았다고 말씀하시다가, 전주에서 녹취를 할 때는 몇 시간 동안 가슴의 응어리를 풀어놓으셨다.

해방되고 고향으로 돌아와서 50여 년의 세월을 생존자들은 어떻게 살았을까? 전북지역의 생존자 일곱 분 중에는 평범한 가정생활을 하신 분이 없다. 대부분 '위안부' 후유증으로 결혼을 했어도 출산은 못 했고, 출산을 하신 분도 이혼이나 사별로 순탄치 못한 삶을 사셨다. 일곱 분 중에 여섯 분은 다시 태어나면 "남자"로 태어나고 싶다고 말씀하셨고, 한 분은 여자로 태어나 귀여움을 받으며 살아보고 싶다고 하셨다. 식민지 여성의 삶이 얼마나 고달팠는지, 그 말들 속엔 여전히 깊은 상처와 쓰라린 한(恨)이 배어있었다.

"김복동" 할머니를 그린 영화 〈김복동〉은 1992년 3월

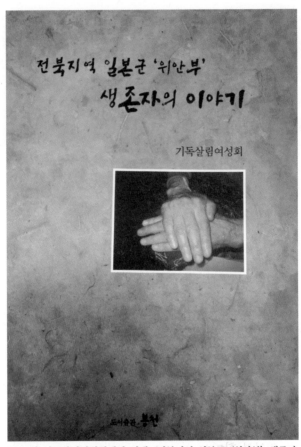

2004년 기독살림여성회에서 펴낸 〈전북지역 일본군 '위안부' 생존자의 이야기〉. 지금은 모두 돌아가신 할머니들이 가끔 떠오른다.

본인의 피해를 증언한 후 2019년 1월 돌아가실 때까지 27년의 여정을 그렸다.

피해자로 머물지 않고, 아흔이 넘은 나이에도 세계 곳곳을 다니며 증언과 시위, 피해 여성과 아이들에 대한 위로와 나눔을 아끼지 않은 할머니의 모습은 보는 이들을 숙연하게 한다. 〈김복동〉 영화가 상영된 전주디지털독립영화관에서는 때를 맞춰 일주일간 일본군 '위안부' 할머니들에 대한 작품과 자료를 전시하기도 하였다.

하지만 "전북지역 일본군 '위안부' 할머니"들에 대한 기록이 거의 없어 아쉬웠다. 할머니들에 대한 일이 먼 옛날이 아니듯, 공간으로도 우리 바로 옆에 계셨던 분들인데, 지역에서 그 아픈 역사를 기억하지 못하는 일이 안타까웠다.

내가 속했던 단체에서는 2002년부터 전북지역 '일본군' 위안부 할머니 재가활동과 봄나들이, 운동회, 송년회, 인권캠프를 실시했다. 2004년에는 할머니들의 녹취를 바탕으로 『전북지역 일본군 '위안부' 생존자의 이야기』라는 책을 출판하기도 했다.

우리가 방문한다고 하면 한복을 곱게 차려입고 마을 어귀까지 나와 기다리시던 익산 할머니, 우리에게 "우리 애기, 인자 왔냐!"며 뛰어나와 반기시던 황등 할머니, 2004년 할머니들의 책 출판기념회에서 "일본 놈은 사죄하라!"고 목청을 높이시던 고창 할머니, 마른 나뭇가지처럼 야위셨으면서도 "난 지금이 제일 행복해요."라고 말씀하시던 무주 할머니, "우리가 산 시상이 또 돌아올까 무섭다."고 하신 남원 할머니, 화통하셨던 정읍 할머니...

이제는 우리의 기억과 책 속에만 남아 있는 할머니들의 발자취를 다시 그려본다.

07

도시재생, 그때는 맞고 지금은 틀리다

> 공간 구조가 바뀌면 권력의 구조가 바뀌고,
>
> 공간의 디자인이 바뀌면 사회가 바뀌는데,
>
> 당신은 어떤 공간을 만들어 어떤 사회를 만들고 싶은가?
>
> – 유현준, 『공간의 미래』

전주지속가능발전협의회 지표위원회 문화분과 위원으로서 다른 위원들과 함께 대만 타이페이시(臺北市)를 다녀온 적이 있었다.

우리는 "도시재생과 지역문화의 역할"을 주제로 주요 시설과 거리, 시장 등을 둘러보았다. 타이페이시는 "도시재생"과 관련해서 상당히 주목받고 있는 도시였다.

근대 건물이 지어진 것은 오래되지 않았지만, 백 년 전에 지어진 건물을 그대로 두고 다른 용도로 활용하는 건물이 많이 남아 있었으며, 그 일을 시가 주도하고 있다는 것이 특징이었다.

특히 흥미롭게 느껴졌던 점은 같은 도심지에 위치하고 있으면서 전시, 공연, 문화 활동, 판매가 유기적으로 전개되고 있는 '화산1914 문창원구'와 '송산문창지구'의 상반된 모습이었다.

화산1914는 1914년에 지어진 양조공장을 토대로 형성된 곳이었고, 송산문창지구는 담배공장을 문화예술지구로 만든 곳이었다. 안내 책자에는 둘 다 성공한 도시재생의 사례로 소개되어 있었다. 그러나 직접 본 풍경은 안내 책자와는 달랐다. 평일임에도 화산1914엔 젊은이들이 넘쳐났지만, 송산문창지구는 문을 닫고 리모델링을 준비하고 있었다. 더구나 송산문창지구 앞에는 현대식으로 새로 지어진 건물이 있었다. 가이드는 송산문창지구 안에 있는 예술가들이 그 건물로 들어와서 송산문창지구가 한산해졌다고 하였다.

분명 두 곳 다 처음 지어졌을 때의 모습을 그대로 보존하면서도 세련되고 화려한 공간을 창출하고 있으며, 각종 전시와 공연, 체험과 판매가 유기적으로 결합되어 있다는 것이었다. 그런데 왜 한 곳은 엄청난 인파로 인산인해를 이루고 있는 반면에, 다른 곳은 새로운 준비에 나서야 했던 것일까.

이는 시민들의 문화예술에 대한 선택과 수요가 얼마나 빠르게 변하는지를 잘 보여주는 좋은 사례였다. 또한 이러한 대중의 반응과 요구에 시 행정과 예술가들의 대응 역시 높아져야 함을 시사해 주고 있었다.

타이페이시의 오래된 건물의 변신과 그 안에서 활발하게 이뤄지는 문화예술 활동을 보면서 자연스레 "전주"를 떠올렸다.

조선 시대와 일제강점기를 지나 바로 21세기로 넘어와 버린 전주, 왜 우리는 조선 왕조의 상징을 제외하고 모두 지워버리려고 했을까? 가깝게 목포는 일본

영사관과 동양척식주식회사 건물을 그대로 유지해 근대 문화유산으로 활용하고 있다. 일제강점기에 각 도(道)마다 동양척식주식회사가 있었는데, 지금 남아 있는 곳은 부산과 목포뿐이라고 한다.

우리의 근대 문화유산은 어디로 갔을까?

『발전소는 어떻게 미술관이 되었는가』(2013)의 저자 김정후 박사는 강의에서 "사람이 늙어가듯이 도시도 똑같이 늙어 가는데, 우리나라는 사람이나 도시 모두 지나치게 성형에 매달린다. 도시도 자연스럽게 늙어 가는 모습을 공유해 선조들의 삶과 소통할 수 있어야 한다."라고 강조한 바 있다.

외모보다는 인품이 중요하듯이, 도시의 모습도 외부 건물보다는 재생의 알맹이가 중요하다. 물론 그때마 다 시민들의 합의에 의해 도시의 외형이 바뀌었겠지 만, 우리는 그동안 외형만을 중시하며, 실상 그 안에 담겨야 할 것에 대한 고민은 부족하지 않았는지 돌아 보는 시간이었다.

"옛 것과 새 것의 조화"

타이페이시는 옛 건물에 새 문화예술로 생기를 불어넣었다. 옛 도자기 마을인 잉거 마을에 예술인들의 작품과 길거리 공연, 먹을거리를 적절히 배치해 활기찬 거리를 만들었다.

우리가 가지고 있는 자원은 무엇이 있는지, 현재 문화예술 자원의 경쟁력은 무엇인지 논의를 시작해야 한다.

08

김지영의 전쟁

그들은 과연 남자에게도

"일이냐, 자식이냐?"라고 물어본 적이 있을까?

아빠가 아이에게 보이는 관심이

아이의 감정 건강을 결정짓는

주요 요인이라는 연구 결과가 있는데도?

– 에이다 칼훈, 「우리가 잠들지 못하는 11가지 이유」

남편은 영화를 보면서 내 생각을 했다고 한다.

"김지영은 아이가 하나인데, 당신은 둘이었어. 김지영은 시댁이 부산이었는데, 당신은 시어머니와 함께 살았잖아. 훨씬 더 힘들었을 텐데, 나는 밤마다 술 마시고 늦게 다녔어. 미안해서 눈물이 나왔어. 이 영화는 남자들이 많이 봤으면 좋겠어."

일요일 아침, 남편이 영화 〈82년생 김지영〉을 혼자 보고 와서 한 말이었다.

그래? 갑자기 영화가 궁금해졌다. 그날 오후, 딸이랑 같이 영화표를 끊었다. 영화는 동명의 책을 그대로 옮겨놓았다. 딸이 나보다 더 눈물을 많이 흘린다. "왜 울어?"라고 물었더니, "남 일 같지 않아서."라고 하였다.

2017년 나는 이 책으로 두 번이나 독서토론을 했다. 매주 나가는 독서동아리에서 한 번, 직장에서 한 번. 흥미로운 것은 두 번 모두 성별 반응이 전혀 달랐다는 것이다. 여성들은 나이와 관계없이 "공감했다."는 의견이 가장 많았다. '내 이야기 같다.' 거나 '엄마가 생각났다.' 라는 반응이 많았다. 반면에 남성들은 그다지 공감하지 못했다. 그냥 일상생활 이야기 같다던가, 본인에게 관심이 있는 동아리나 계급의 문제에 더 공감한 경우도 있었다.

이후에도 나는 독서동아리에서 『페미니즘의 도전』(정희진 저)(2005)이나 『이갈리아의 딸들』(게르드 브란튼베르그 저) 같은 책을 추천하거나 진행을 해봤다. 나를 붙잡고 "정말 좋은 토론이었어."라며 각성의 계기가 되었다고 말하는 회원들은 대부분 여성이었다. 너무나 좋은 책이었고, 덕분에 아내를 이해하게 되었다는 남성 회원도 있었지만, 불편해하거나 소설이지만 문제가 있는 책이라고 평하는 회원은 거의 남성이었다.

왜 이렇게 평가가 달라질까?

영화나 책을 보지도 않은 아들은 "그거, 62년생이면 맞겠지만 82년생은 오버 아니에요?"라고 반문하기도 했다. 지금 젊은 남성들은 과거에는 성차별이 심했지만, 지금은 시대가 달라져서 오히려 역차별도 당하는데, 우리는 군대도 가는데 왜 호들갑이냐고 묻는다. 모 당의 청년 대변인이 비슷한 논평을 냈다가 철회한 것도 같은 맥락인 듯하다.

여기서 내가 가장 의아한 점은 많은 여성들이 『가시고기』(조창인 저)(2000)나 〈국제시장〉처럼 아버지나 남성의 무게와 아픔에 대한 책과 영화에는 공감하거나 그냥 지나치는데, '왜 남성들은 이 책을 재미있게 읽었다는 여성 연예인의 글에 댓글 테러를 하고, 상영도 하지 않은 영화에 별점 테러를 할 정도로 과하게 반응하는가?' 하는 것이다. (유재석, 방탄소년단의 RM도 이 책을 감명 깊게 읽었다고 밝혔지만, 그들에게는 아무런 반응도 보이지 않았다.)

혹시 여성이 지금껏 자신들이 누려온 기득권을 가져간다는 피해의식에서 온 것은 아닐까? 최태섭은 『한국, 남자』(2018)에서 지금껏 굳어져 공기와도 같게 된 성별 질서와 자신들에게 부여되었던 남성성에 문제의식을 갖고 되돌아보아야 한다고 강조한다. 또한 남성들이 자신에게서 누락된 것들이 여성에 의해서가 아니라 사회의 문제임을 정확히 인식하는 데서 한국 남성성의 정확한 성찰이 가능하다는 깨달음을 전한다.

김지영의 증상은 의학적으로 설명하기 어렵다. 하지만 책을 읽은 많은 여성들은 "공감한다."고 한다. 이 지점이 이 영화와 책의 미덕이다. 김지영은 나만 이상한 것 같다고, 나만 전쟁 중인 것 같다고 울부짖는다.

"엄마는 영화를 보고 뭘 느꼈는데?"

딸이 물었다. 나는 말했다.

"나? 음. 김지영은 여전히 전쟁 중이네. 그래서 엄마는 김지영을 응원하고 싶어."

09

그녀의 실종

우리는 우리 조상으로부터 지구를 물려받지 않는다.

우리는 우리 아이들로부터 지구를 빌린다.

– 아메리카 원주민 속담

그녀가 사라졌다. 언제부터였을까? 개나리와 벚꽃이 같이 피고, 진달래와 철쭉이 같이 피었다. 온유한 그녀의 바람은 사나운 화마가 되어 경포대를 덮치고, 부드러운 그녀의 비는 더 이상 메마른 대지를 적시지 않는다.

내가 어렸을 때 그녀는 내게 노랑나비, 흰나비를 보내주었다. 민들레와 함께 아지랑이를 잡으러 다닐 때 그녀는 얼마나 해맑은 미소를 보내주었던가!

겨우내 얼었던 땅이 깨지면서 올라오는 흙냄새를 맡으며 우리는 쑥을 캐고 고사리를 꺾었다. 푸릇푸릇하고 여린 쑥과 나물을 캘 때 뭇 사내아이들의 마음은 얼마나 콩닥거렸을까?

머스매들의 가슴이 콩닥이든 쿵덕이든 신선한 그녀의 내음은 우리를 산으로 들로 뛰어다니게 했다. 소풍 가기 전날, 모처럼 사이다와 삶은 계란, 과자를 가방에 넣고 설레는 마음에 잠 못 이루곤 했다. 늘 같은 산으로 가는 소풍도 얼마나 가슴 뛰는 즐거움이었는지 추억의 앨범엔 항상 소풍 장기자랑 사진과 단체 사진이 걸려있다.

그녀가 사라진 뒤 맑은 하늘도 같이 사라졌다. 대신 나타난 것은 심술궂은 황사와 미세먼지다. 뿌연 하늘은 우리를 마스크 안에 가둔다. 꿀벌이 사라지고 꿀과 사과, 커피, 감자, 쌀, 고추, 조개, 콩이 없어질 위기가 다가왔다.[26] 폭우와 홍수, 산불이 빈번해지고 이로 인한 재해가 늘어간다. 아침에는 겨울, 점심에는 여름, 이른바 겨름(겨울 + 여름)이 대신 찾아왔다.

괴로운 지구는 그녀를 앗아가 우리에게 경고를 보내고 있다. 창문 굳게 걸어 잠그고 그녀를 쫓아낸 우리는 공모자 또는 방관자! 그녀의 실종은 70억 인구가 함께 풀어야 할 공동과제이다. 어디에서 어떻게 그녀를 찾아 아이들에게 그녀의 이름을 말해 줄 수 있을까?

그녀의 찬란한 키스가 그리워진다.

– 2023년 4월, 봄의 실종에 붙여

---

26) 그린피스 '기후위기 식량보고서: 사라지는 것들' 2022.

10

나이 듦, 나의 모든 선택

누구도 황금기가 지났다고 말하지 못하게 해요.

포기하지 마세요!

– 양자경 〈95회 아카데미 시상식〉 여우주연상 수상소감

발음하기도 외우기도 어려운 영화, 〈에브리씽 에브리웨어 올 앳 원스〉를 가족과 함께 봤다. 이 영화는 미국으로 이민 와 힘겹게 세탁소를 운영하는 에블린 가족에게 멀티버스 세계가 열리면서 혼란을 겪게 되는 B급 감성 코미디 영화이다. 영화에서 최악의 에블린은 최선을 만들며 본인과 가족, 그리고 영화를 보는 우리까지 치유해 주었다.

〈에브리씽 에브리웨어 올 앳 원스〉는 2022년 95회 아카데미 7개 부문의 상을 수상하며 많은 일화를 남겼다. 여우주연상을 수상한 양자경(60세), 남우조연상을 수상한 키 호이 콴(52세), 여우조연상을 수상한 제이미 리 커티스(64세)는 모두 나이 오십이 넘어서 빛을 발했다.

특히 키 호이 콴은 베트남 보트피플 출신으로 〈인디아나 존스2〉에서 소년 쇼티로 출연한 촉망받는 배우였다. 그러나 배역을 맡겨 주는 이가 없어 이 영화 출연 직전까지 무술지도를 하며 살다가 〈에브리씽 에브리웨어 올 앳 원스〉에 출연하면서 다시 주목을 받게되었다. 그는 "제 인생의 사랑인 에코 콴에게 감사하다. 매달 20년간 언젠가 당신의 시간, 당신의 시대가 올 거라고 말해줬다. 여러분도 여러분의 꿈을 계속 꾸라고 말씀드리고 싶다."는 수상 소감으로 전 세계인의 코끝을 찡하게 만들었다. 영화의 선택이 인생을 달라지게 만든 것이다.

영화에서도 '매 순간, 모든 선택들이 지금 우리 자신을 만든다.'는 메시지가 분명하다. 하지만 나이가 들면서 선택의 폭은 자꾸만 좁아지는 것만 같다.

어떻게 나이 들고 어떤 선택을 해야 현명한 선택이 될 수 있을까?

마침 평생학습관에서 "인생이 익어가는 50+특강"이 열렸다. 김형석 교수, 이종민 교수, 박남준 시인을 모시고, 100세 시대를 살아가는 "나이 듦의 지혜"를 듣는 시간이었다.

올해로 103세를 맞은 김형석 교수(1920년생)는 "무조건 일하라. 계속 공부하라. 더불어 살아야 한다."고 말하며 공부하는 동안은 행복하고, 특히 독서를 하면 늙지 않는다고 강조하였다. 전공인 영문학보다는 활발한 사회활동으로 지역에서 유명하신 이종민 교수는 내가 할 수 있고, 하고 싶은 일의 "지속가능성"에 대해 말했고, 지리산 악양에서 16년째 거주 중인 박남준 시인은 자연에서 사는 미니멀 라이프에 대한 이야기를 나눠주었다.

다른 것 같지만 세 사람의 공통점은 "나누는 삶, 더불어 삶"이었다.

김형석 교수는 모두가 행복할 때 내가 행복한 것이지, 남이 불행할 때 행복한 사람은 어리석은 사람이라고 하였다. 특히 60세부터는 가정과 직장에서 해방되고 사회인으로 출발하는 시기이니, 이 시기를 포기하면 30년을 잃어버리라는 것이라고 강조하였다.

이종민 교수는 북한 어린이 돕기, 천인갈채상, 동학농민혁명기념사업회 운영, 호남사회연구회 활동, 지역의 인문학 강좌 강의 등 본인이 계속할 수 있는 일을 통해 존재의 즐거움을 느낀다고 하였다.

박남준 시인은 사람과 나누고 자연과 함께하는 삶을 통해 날마다 반짝이는 일상에 감사한다고 했다.

솔직히 "100세 시대"라는 말을 들으면 무엇이 가장 먼저 생각나는가? '노후 준비'와 자연스럽게 경제력에 대한 걱정이 떠오르는 것은 나뿐일까. 고령화로 사회가 무기력해질 것이라는 전망, 저출산으로 생산성이 약화될 것이라는 통계치가 더욱 개인의 경쟁력 향상에 매달리게 한다. 그런데 우리보다 인생을 오래, 행복하게 사신 어른들의 해답은 "같이 살아야 한다." 는 것이었다.

그들의 강의를 들은 후 혼자 천변을 걸었다. 뜬금없이 봉준호 감독의 〈기생충〉이 떠올랐다.

칸느 영화제에서 황금종려상을 수상하고, 아카데미 작품상을 받아 한국 영화사에 큰 획을 그은 영화 〈기생충〉은 봉준호 감독의 전작들에 비해 계급 간의 대립 구도도 없고, 세상을 혁명적으로 뒤집는 결말은 없지만 그래서 오히려 현실적이라고 평가받고 있다. 바로 그 영화 속에서 기택 가족과 문광 가족은 자기보다 더 약한 자를 배제하려고 싸우다 결국 파국을 맞는다. 세 사람의 강의와는 반대되는 결말이다.

이제 이해할 수 있을 것 같다. 약자라고 해서 나 살길만 쫓다가는 어떻게 되는지. 인생 3모작, 4모작 시대에 배워야 할 것은 일이 아니라 "나" 그리고 "관계"라고 한다. 이제까지 나는 무엇을 위해 살아왔는지, 앞으로는 무엇을 위해 살 것인지, 누구와 어떤 관계를 맺을 것인지가 나의 오십 이후의 삶의 질을 좌우할 것이다.

〈에브리씽 에브리웨어 올 앳 원스〉에서 에블린은 최악의 상황에서도 딸 조이와 함께하는 순간을 선택해서 감동을 주었다. 지금 여기는 내가 가장 빛나는 순간이다. 노을이 아름다운 것은 그 경계의 시간을 붉게 물들어 가며 이웃하는 것들을 물들이기 때문이리라. 우리도 그렇게 주변을 물들이며 나이들 수 있다면 가장 아름다운 선택이 될 수 있지 않을까.

나는 배운다. 고로 존재한다

글을 쓴다는 것은 고통스러운 기쁨이다. 책을 쓰면서 처음 마주한 것은 이 책의 '의미와 가치' 였다. '나 외의 사람들에게 1cm라도 도움이 될 수 있을까?' 라는 회의감이 글을 쓰는 내내 나를 따라다녔지만 '일단 쓰고 보자' 라는 마음으로 글을 완성했다. 글을 쓰다 보니 내가 일하고 있는 곳에 대해서 더 자세히 보게 되었다. 주위 사람들도 상세히 알게 되었다. 나 자신이 더 또렷하게 보였다. 글쓰기를 통해 다시 배우는 순간이었다.

정민 작가는 『습정』에서 '사람이 배우기를 좋아하면

죽더라도 산 것과 같고, 배우지 않는 자는 살아도 걸어 다니는 시체요, 달려가는 고깃덩이라고 말할 뿐이다.' 라고 했다.

전주시 평생학습관에 머문 9년 2개월 동안 많은 사람과 책을 통해 배웠다. 배움의 기쁨과 효용을 나누고 싶어서 이 책을 썼다. 강의를 듣고, 프로그램에 참여하고, 블로그를 쓰며 나는 나의 존재를 느꼈다.

르네 데카르트는 "나는 생각한다, 고로 나는 존재한다.(Cogito, ergo sum)"라는 유명한 명제를 남겼지만, 나는 "인간은 배울 때 존재를 느낀다."고 생각한다.

2001년 평생학습도시조성사업이 시작된 이후 평생학습은 지자체, 교육청 평생학습관뿐만 아니라 사설기업, 대형마트, 종교기관 부설 등으로 더욱더 확대되는 추세이다.

사람들은 취미, 교양, 자기계발 등의 동기를 가지고 '평생학습'을 시작하지만, '평생학습'은 사람들의 인생을 바꾸고 삶의 의미를 갖게 한다. 그것이 가능한 것은 그 일을 기획하는 평생교육사들이 그 안에 있기 때문이다.

나는 더 많은 배움과 그로 인한 삶의 변화를 꿈꾼다. 오늘 아침도 나보다 먼저 출근하는 수강생을 만난다. 오늘도 새로운 배움을 시작한다.

사람들은 취미, 교양,
자기계발 등의 동기를 가지고
'평생학습'을 시작하지만,
'평생학습'은 사람들의 인생을 바꾸고
삶의 의미를 갖게 한다.

어른의 평생공부 습관

초판인쇄	2024년 02월 20일
초판발행	2024년 02월 26일

지은이	구성은
발행인	조현수
펴낸곳	도서출판 프로방스
마케팅	최관호 최문섭
IT 마케팅	조용재
교정교열	이승득
디자인 디렉터	오종국 Design CREO

ADD	경기도 파주시 초롱꽃로17 305동 205호
물류센터	경기도 파주시 산남동 693-1 1동
전화	031-942-5364, 031-942-5366
팩스	031-942-5368
이메일	provence70@naver.com
등록번호	제2016-000126호
등록	2016년 06월 23일

정가 16,000원
ISBN 979-11-6480-352-1 03370